きょうこばぁばの

人生キラメクおしゃれマジック

きょうこばぁば

主婦と生活社

グレーヘアで人生激変！
今、プチプラおしゃれで楽しい毎日

5年前のある日、鏡に映った自分の姿を見て、「えーっ！」と絶句しました。どんよりと冴えない顔色に、真っ黒に染めた人工的な黒髪が痛いほど不自然で、「私は誰？」と大ショックでした。

当時62歳。フルタイムで介護の仕事に就き、がむしゃらに働いていた時期で、「元気に働く自分は、黒髪でいなくっちゃ！」と思い込み、疑うことなく白髪を黒く染めていたんです。

結構迷ったんですが、きっぱりと白髪染めをやめる決心をしました。

そうして100％地毛だけのグレーヘアになってみると、「ばぁば」な感じが意外なほど心地よくて、自然と笑顔になれたんです。なんだかいい感じ！　肩肘張らずに自分らしくいられる気がしたんですよね。

「グレーヘアに合うファッションを探してみよう！」

いつの間にか、そんな前向きなエネルギーまで湧いてきて、それは自分でも本当に不思議でした。

以来、仕事帰りに「ごほうび」と称して、今まで通り過ぎていたプチプラショップに立ち寄って、若い人とは違う、シニアなりの「プチプラファッションの楽しみ」に目覚めていきました。

そして今、「私流プチプラおしゃれ」にトキメキながら、充実した日々を過ごしています。


40代後半、夫の事業が立ち行かなくなって無一文になり、どん底生活を味わいました。ふたりの娘たちにも苦労をかけたと思います。当時はプチプラの服さえ買えませんでした。プチプラとはいえ洋服を買っておしゃれを楽しめるようになったのは、最近の話。だからうれしくて仕方ないんです！

66歳から、そんな私のプチプラアイテムを取り入れたコーディネートをYouTubeで発信し始めたら、たくさんの方に見ていただけるようになりました。


それなりに大変なことも多いシニア世代だからこそ、自分のためにおしゃれをしましょう。お金をかけなくても、プチプラおしゃれのマジックを上手に取り入れたら、楽しめるんです。そうしてこれからの時間、めいっぱいキラキラに輝いて生きていきましょう!!　とYouTubeで発信しています。

contents

1章

定番からおしゃれスタート

―シャレ活！　定番アイテム―

昔編んだセーターは、
今も大切に着ています。

2章

服と小物のビビッとおしゃれ術

―おしゃれマジック炸裂ポイント―

3 章

暮らしのプチプラおしゃれ術

―毎日の中のおしゃれマジック―

娘のために編んだセーター。
孫にも着てもらいたいな。

ばぁばの人生劇場。

「今」が大事！

ばぁばのファッションヒストリー

start

1956年
鳥取県倉吉市
生まれ

鳥取での少女時代

おしゃれだった母親の
手作りの服を着て育つ。
和菓子店を営む実家向かいの
洋装店に入り浸り、生地や糸、
アトリエ独特のにおいが大好きに。
洋装店では小学校の入学式で着る
ブラウスの襟に刺繍をして
もらった思い出も。

鳥取での小学校時代

手芸家になる夢をもつ、
フリル嫌いの
マニッシュな女の子。
編み物が趣味。

鳥取での中・高校時代

ボタンダウンシャツやローファーが
定番の**アイビールック**に
センター分けロングヘアで過ごす。
高校時代、家政科の友人から
編み物を本格的に教えてもらい、
学校のバザーに自作ストールを
出したら3,500円で売れて、
びっくり！

18歳で上京し短大に進学

長い髪をばっさり切って、左右の耳に
ひとつずつピアスの穴をあける。
都会で最先端のカルチャーに触れ、
大いに刺激を受ける。
当時のトレンド、
ニュートラファッションを
全力で楽しむ。

結婚後、夫の服飾関係の事業を手伝い、29歳で長女、33歳で次女を出産

ポロシャツを愛用。お気に入りの**ストール**を
おくるみがわりに使った思い出も。
娘たちが小学生になった30代後半、
髪にメッシュを入れ、
それが**髪染め初体験**。40代半ば、**左耳に追加で**
ふたつピアスの穴をあける。
アクセサリー、ネイルも楽しむ。
趣味でセーターを編んだり、
クマのぬいぐるみの手作り教室を
開いたりしていた。

21歳から子ども服デザイナー、28歳で結婚

高度経済成長期の1970年代、
子ども服デザイナーとして働きながら、
都会での生活を満喫。
編み物や**縫い物**、**料理**など、
手作りすることが大好き。
服飾関係の仕事に就く
男性と結婚。

40代後半、夫の事業が立ち行かなくなる

おしゃれするなんて余裕は、金銭的にも
精神的にもまったくなくなり……。
新しい服を買うなんて
とんでもない！
手持ちの服を着回していた。

52歳で介護の仕事を開始。65歳までフルタイム勤務

動きやすい服装が基本。
アクセサリー、ネイルもやめて、爪も短く。
62歳まで**髪は真っ黒**に染め続ける。
個性的に装える**タイパンツ**だけは
年1本ずつ買い足して、
唯一おしゃれを
楽しんでいた。

現在67歳、ユーチューバーとして活躍

グレーヘアで、
プチプラおしゃれに
夢中！

10ページに続く！

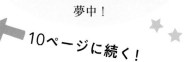

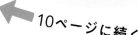

プチプラはおしゃれの宝庫

67歳の私は、〈ユニクロ〉〈しまむら〉〈ジーユー〉〈ザラ〉といった若者に大人気の**プチプラブランド、全部大好きです！**

グレーヘア

になってからは、シーズンごとに店内をパトロールするのが楽しくて。たくさんの旬のアイテムの中から、「あっ、これ、すごくいいわね〜」と**今の私が着たい服**を見つけています。

まるで宝探しするような、ワクワクとした気持ちなんです。

60代、70代のプチプラ初心者さんは、「安っぽさ」を気にされるかもしれませんが、今は素材もデザインも驚くほどよくなっています。縫製もいいし、ちょっとしたところにもこだわりが感じられて、**「う〜、さすが！」**と唸《うな》ることも多いんです。

また流行《はや》りのものからベーシックなものまで、アイテムの種類も実に豊富！　ぜひ

のぞいてみてくださいね。
そういえば、YouTubeで緑のTシャツやセーター

のコーディネートを紹介したとき、大きな反響がありました。プチプラなら、そうした流行りの色のアイテムにも気負うことなく挑戦できますよ。

私は、プチプラショップ以外にも
エスニックショップでタイパンツ、
ビンテージショップで革ジャン、
格安ネット通販でスカーフ、
〈ラティス〉のような**アクセサリー・雑貨店**でピアス、
リーズナブルなメガネ量販店でメガネやサングラス、
ドラッグストアで韓国コスメなどを探します。それもすごく楽しいの！

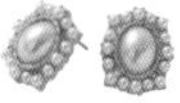

そうしたプチプラの魅力は、なんといっても**価格をあまり気にせず、気軽に買って試せること。**

購入したら、想像力を働かせて、**さまざまな組み合わせ**を試してみます。頭の中のイメージと、実際に着てみた印象とでは違う場合もあるので、せっせと鏡の前で着たり脱いだり。それからスカーフやアクセサリー、メガネでアクセントをつけたりします。

そしたら思っていたよりうんと素敵なコーディネートが完成して、「次はもう少し大きなサイズ、別の色やラインを買ってみようかしら」と新しいおしゃれの**ヒント**が浮かぶことも。**ワクワク**は尽きません。

そうそう、シニアになると、いわゆる**おばさん体形**が気になるところですが、今の時代、**スタイルがよく見えて似合う服は必ずある！**

隠してしまうのではなく、サイズ選びや、コーデ全体の配色にメリハリをつけるなどトライ＆エラーを繰り返し、自分に似合う服を見つけるのにプチプラはぴったりだし、やってみると楽しいんです。

ちなみに私は、身長１５３cm、体重50kg前半で、お腹まわりが気になる**ばぁば体形**です（苦笑）。

全身総額が数千円でも、あれこれ工夫して着こなせば、「エレガント」「シック」「アクティブ」「マニッシュ」「リラックス」「スイート＆ビター」といった、いろいろなテイストの**おしゃれを楽しむ**ことはできるんですよね。

それが、人生をキラキラ輝かせる、ばぁばの「おしゃれマジック」です！

1章

定番からおしゃれスタート

―シャレ活!　定番アイテム―

大好きな定番アイテムの楽しみ方です。定番だから安心感があり、自分らしいおしゃれのベースになる存在。そこに流行りを取り入れながら、個性的にどんどん楽しみます！「いつも同じ色やデザイン」とガチガチにならずに、柔軟なシャレ活を。

宝物
1

戦後を代表する女性誌
『それいゆ』の復刻版。

Q&A

コーデで
大切なこと
①

Q

プチプラの服、
だらしなく
ならないでしょうか？

A

いやいや、まったく！　そんなことないですよー。プチプラといっても、デザインには「定番」と「流行」の両方が取り入れられていて、生地の質感もびっくりするくらい工夫されています。

でも特にシニアの場合は、カジュアル感が強すぎると、だらしなく見えるかもしれませんね。その場合、**どこかにきちんとした感じのものを必ず取り入れる**といいんです。

例えばカジュアルなパンツをはいたら、トップス、アクセサリーやストールなどの小物は**品のある**ものを選ぶ。そうして品がよくなるように心がけて装えば、全体のコーデで受ける印象は、「だらしない」ではなく「**おしゃれ**」や「**個性的**」になるんじゃないかしら。

Q

体形が変わり、若いときのように、おしゃれを楽しめません……。

A

若いときのイケイケの面影は、きっぱり捨てたほうがいいと思いますよ。

鏡に映る今の自分にがっかりしないで、**今の姿とどう向き合うか**を考えましょう。みんな同じように老いる、というか**進化**するんだからー（笑）。

気になるお腹まわりも、垂れてきたバストもお尻も**認めて、受け入れる**。否定せずに受け入れることができると、**今がキラキラ**と輝き出しますから、大丈夫です！

例えば白髪が増えるとがっかりだけれど、認めて受け入れてグレーヘアにしたことで、私は世界が大きく変わりました。

今のあなただから似合うコーデは必ずあります。**他人の目はあまり気にしない**で、自分らしいおしゃれを見つけることを楽しんでくださいね。

シャレ活！ 定番アイテム 1

カーゴパンツ

elegant
エレガント

ブラウス
1,460円と
お買い得！

•グレーカーゴパンツ

グレージュタンクトップ
＋
透ける白ブラウス
＋
ヒールサンダル

ゆったりはけるカーゴパンツ〈ユニクロ〉には、透け感のあるブラウス〈しまむら〉の裾を前だけインしたり、女性らしいべっ甲柄のヒールサンダル〈ザラ〉を合わせたりして、カジュアルすぎないきれいめコーデに。

active
アクティブ

・グレーカーゴパンツ

黒Tシャツ
+
マジックベルト付き
厚底スニーカー

右ページと同じカーゴパンツでも、こちらはアクティブな印象。お気に入りのTシャツ〈ジーユー〉、スニーカー〈しまむら〉、ショルダーバッグの斜め掛けで、流行りのカジュアルファッションをめいっぱい楽しみます！

sweet & bitter
スイート&ビター

シャレ活! 定番アイテム 1

カーゴパンツ

•黒カーゴパンツ

白タンクトップ
+
白綿ニット
+
白ストール
+
厚底スニーカー

黒カーゴパンツ〈ユニクロ〉と白のトップス類でまとめたシンプルコーデに、レースのストールを巻いて、オシャレ度をアップ。さらに厚底スニーカーで大人かわいい雰囲気に。

relax
リラックス

• 白カーゴパンツ

柄ブラウス
+
マジックベルト付き
厚底スニーカー

白カーゴパンツ〈ジーユー〉に、明るい色柄のアフリカンプリントのシャツを合わせた、がんばりすぎないくつろいだ印象のコーディネート。サングラスをかけて、ばぁばらしいゆるいテイストに仕上げます。

シャレ活！ 定番アイテム ❶

カーゴパンツ

軽くて薄くて、ゆったりはける！ ジーンズ代わりの普段着感覚で

カーゴパンツとは貨物船乗務員の作業パンツですが、私はかなり前から愛用していて、すっかりクローゼットの常連！ 大好きな定番パンツで、ジーンズの代わりに、普段着感覚ではいています。

最近は人気アイテムとして定着したので、プチプラ商品でもよく見かけ、色や素材のバリエーションや、細身や太めなどシルエットがいろいろあって楽しいですね。

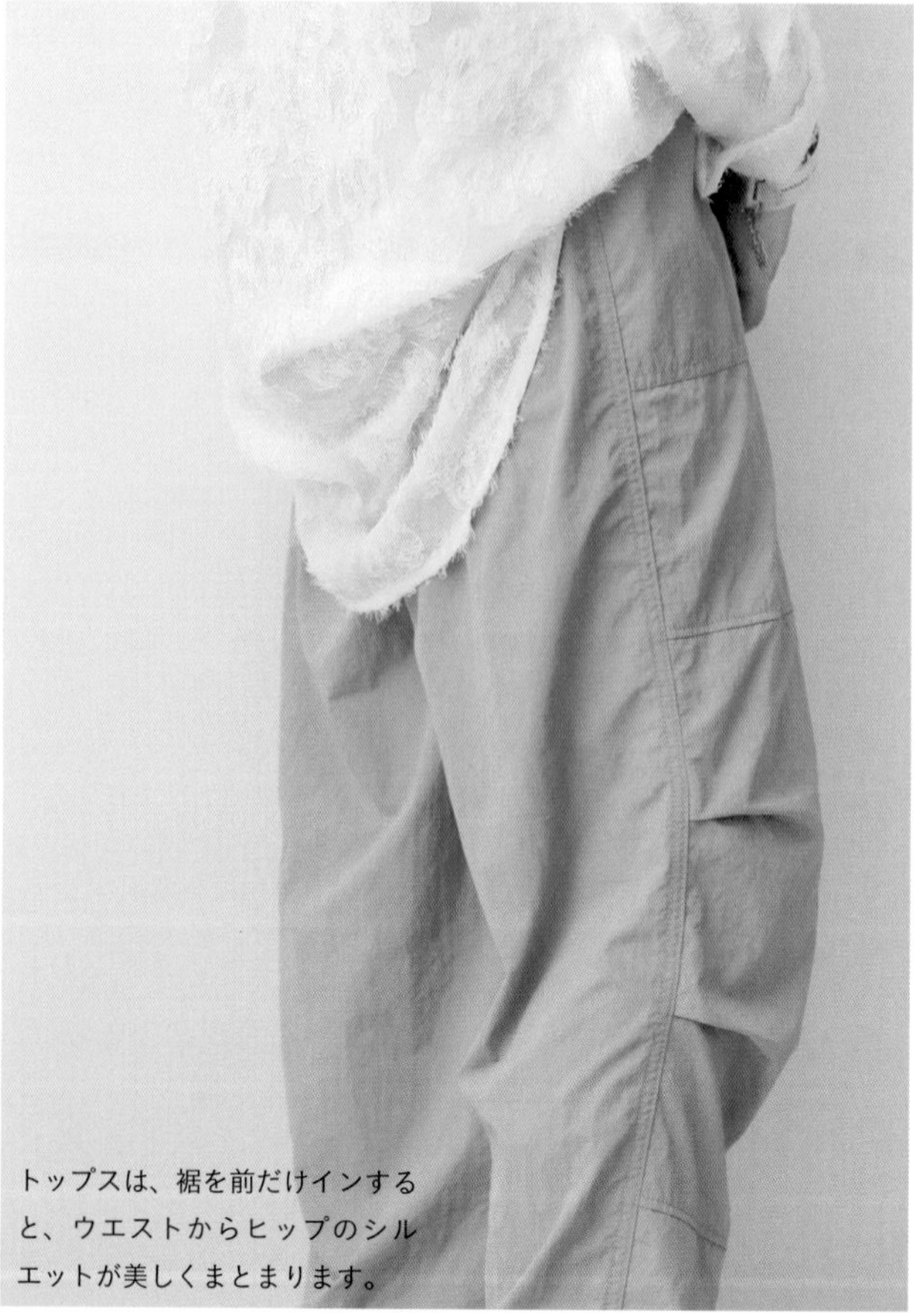

トップスは、裾を前だけインすると、ウエストからヒップのシルエットが美しくまとまります。

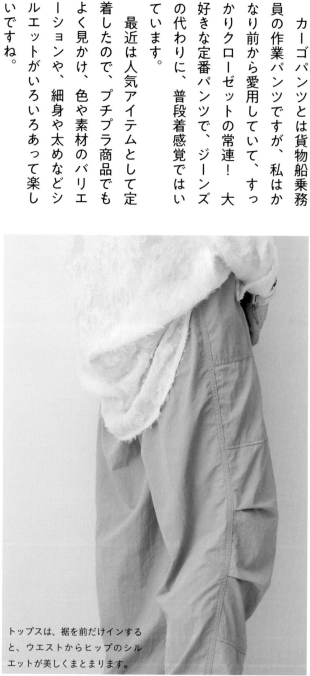

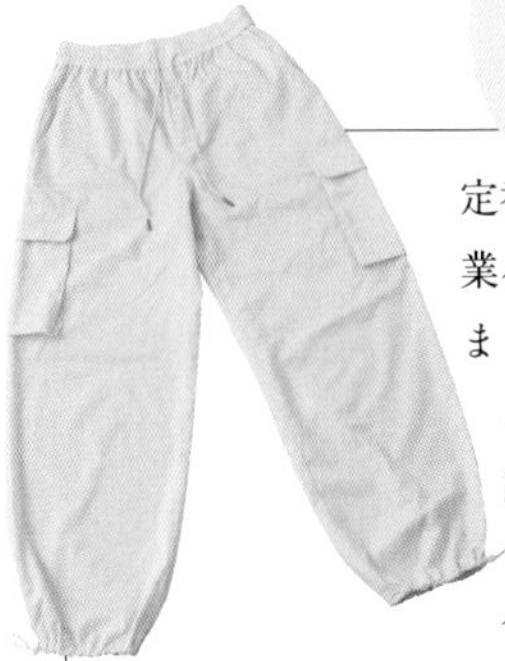

大人のシャレ活 初心者さんへ

定番色のカーキだと、作業パンツっぽく見えてしまう可能性もなきにしもあらず。グレー、黒、白といった組み合わせやすいベーシックな色からトライしてみて。

襟を後ろに引っ張る「抜き襟」にして、すっきりと着こなします。

私の好みは、軽くて薄い素材のゆったりシルエット。裾の紐《ひも》をキュッと絞ってはくのがいつものスタイルです。

トップスと靴の選び方次第で、中高年でもオシャレに着こなせます。モンぺみたいにはなりませんから、安心して～。

冬場は中にスパッツをはけばOK。一年中着回せるので、かなり使える最強パンツです。

女性らしいヒールサンダルを合わせて、エレガントな装いに。

裾の絞り具合で、好みのシルエットに調節できます。

シャレ活！ 定番アイテム 2

タイパンツ

•エスニック柄タイパンツ

白タンクトップ
+
刺繍入り白カーディガン
+
ヒールサンダル

絵画のような配色のタイパンツに、娘たちからプレゼントされた白カーディガンを羽織って、編み込みのヒールサンダル〈ザラ〉を合わせます。手持ちにしたバッグ〈ザラ〉、マチネー（60cmのパールネックレス）でエレガントさを引き立てて。

elegant
エレガント

•エスニック柄タイパンツ

ピンクシャツ
+
トングサンダル

ずいぶん前に購入した木綿のタイパンツは、年々色褪《あ》せていく風合いも楽しみながら愛用中。はっと目を引く華やかなピンクの麻のシャツ〈ユニクロ〉、ナチュラルなカゴバッグで日本の酷暑を明るく軽快に！

casual
カジュアル

シャレ活! 定番アイテム 2

タイパンツ

•エンジタイパンツ

緑タンクトップ
+
レースのオレンジベージュブラウス
+
トングサンダル

カジュアルな絣《かすり》調の単色タイパンツに、光沢のあるタンクトップ、レースの透けるブラウス〈ジーユー〉といったエレガントな質感のトップスや、リラックス感漂うトングサンダルを合わせた、こなれ感のあるミックスコーデです。

•緑タイパンツ

ミックスカラーシャツ
+
トングサンダル

緑のタイパンツはコーディネートしやすいので、とても重宝するのだとか。40代の頃に手作りショップで見つけた、好きな色で織り成されたシャツとのセットアップは、20年近く定番のリラックススタイル!

relax
リラックス

タイパンツ

エスニックショップで見つける蒸し暑い夏を快適にする個性派パンツ

もともとはタイの漁師さんがはくフィッシャーマンパンツだけあって、ゆるくフィットする着心地は抜群！　しかも見た目より断然涼しい！　20年ほど前から、夏はずっとタイパンツが定番スタイルです。

カジュアルはもちろん、組み合わせによってエレガントにも装えるし、他人とかぶらない個性的なファッションになるのも高ポイント。

私はお香の香りが漂うエスニックショップで見つけます。値段は数千円とお手頃だし、洗えば洗うほど馴染んでいく感じも素敵。プチプラでもかなり長く着られるので、コスパは相当いいと思います。

広げるとドキッとするほど大きなパンツですが、後ろについている紐を前で結んでウエストまわりを整えます。

私はトップスの裾は出しておくよりインするほうがしっくりします。ヒップラインが気になるときは、カーディガンを羽織るなどして、腰まわりをふんわりとカバーしています。

大人のシャレ活 初心者さんへ

ネットでの購入は難しいかなぁ。20年選手の私でも、画面だけではなかなか選べません。実際に試着して、見た目、肌触り、はき心地などを確かめることをおすすめします。

タイパンツのはき方

はくのが面倒くさそう？
なんて食わず嫌いは
もったいない！
やってみたら、
意外なほど簡単ですよー。

巻く

1

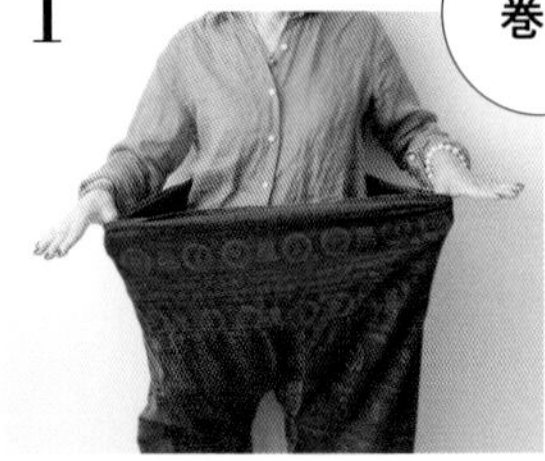

後ろに紐がくるようにはく。

2

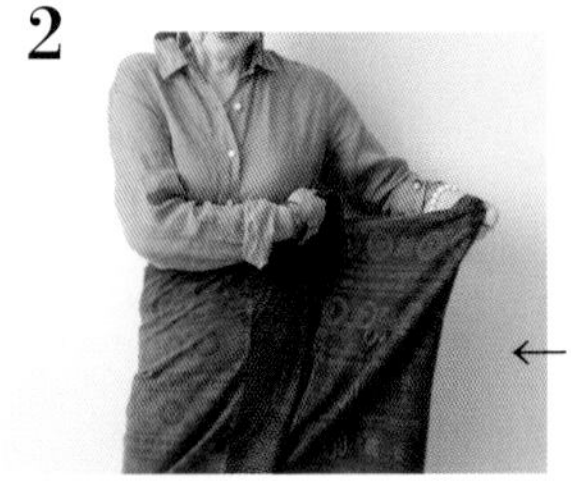

片方の布を体に巻く。

3

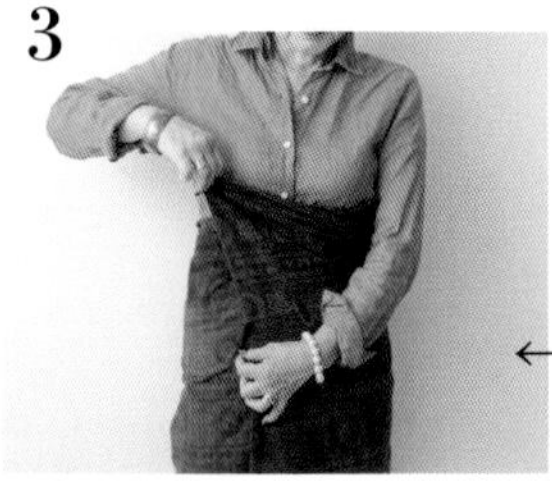

もう片方を体に
フィットさせながら巻く。

紐を結ぶ

4

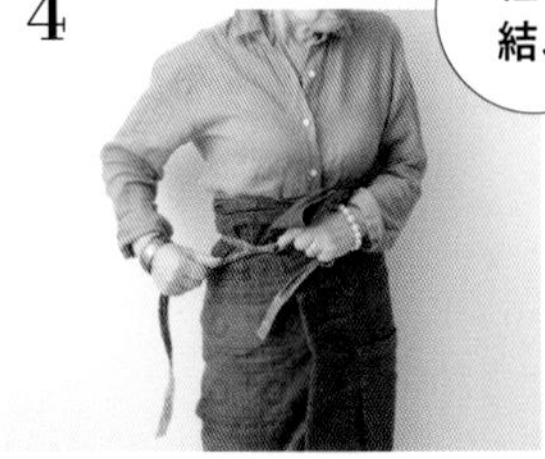

紐を前にもってくる。

5

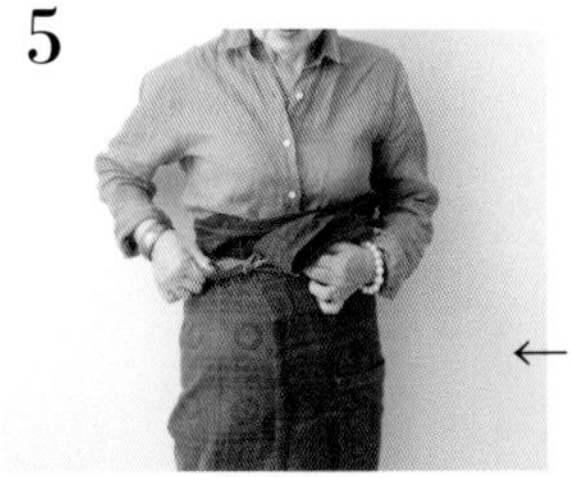

紐をしっかり結ぶ。

整える

6

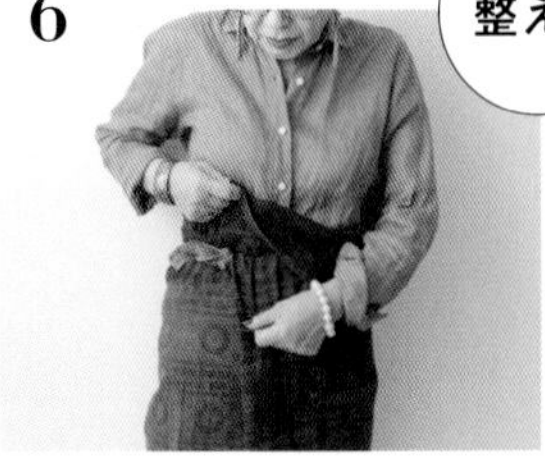

結び目の上の布を整える。

7

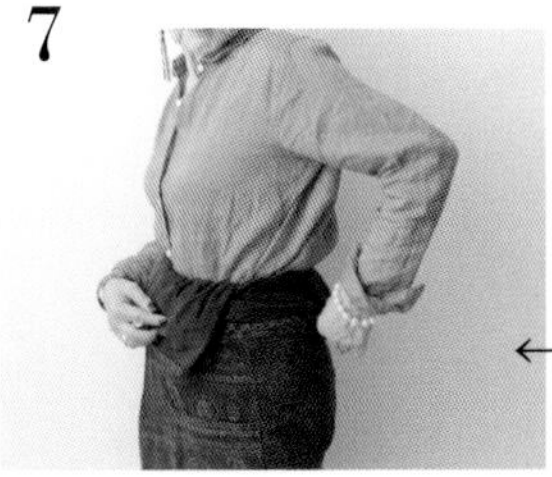

整えた上の布を折り返す。

＼ 完成！／

8

シャレ活！ 定番アイテム 3

タックパンツ

•グレータックパンツ

黄とグレーのストライプシャツ
＋
グレーセーター
＋
厚底ローファー

インタック（タックの山を内側に倒したもの）の濃いグレーのパンツ〈ユニクロ〉には、薄いグレーのセーター〈ユニクロ〉を合わせて、知的なグレーワントーンを楽しみます。重量感のある黒の厚底ローファー〈ユニクロ〉で今っぽさをアップデート。

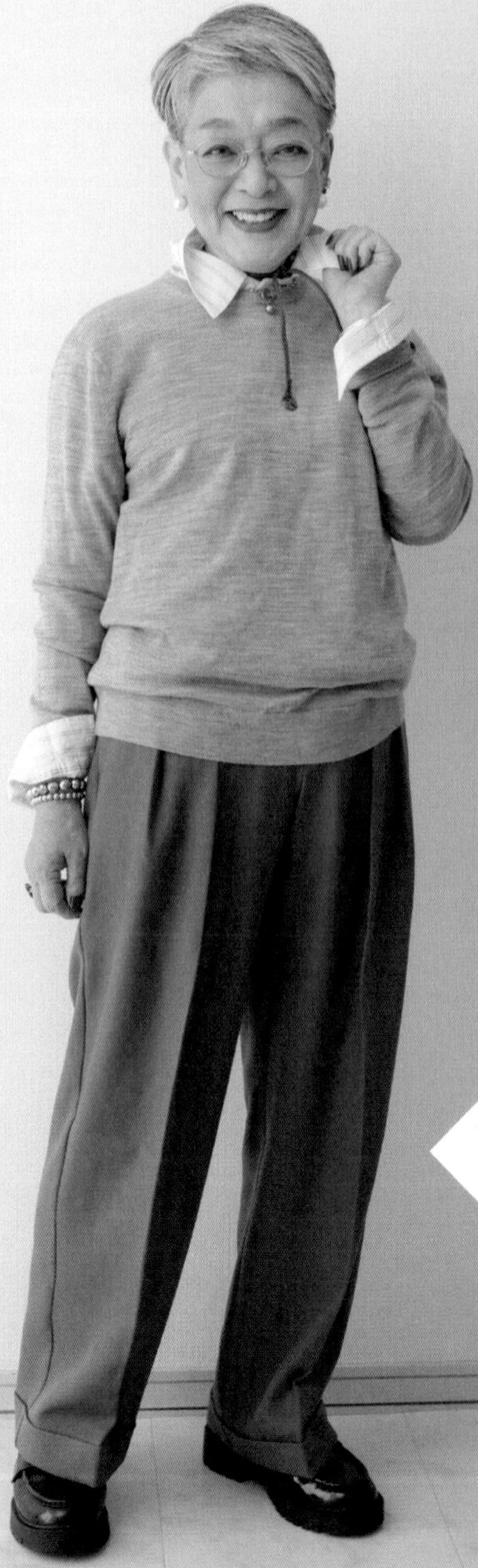

chic
シック

タックパンツ
型落ち品で
990円!

elegant
エレガント

•生成りタックパンツ

透ける白ブラウス
+
紐靴

アウトタック（タックの山を外側に倒したもの）の生成りパンツ〈ユニクロ〉と、白ブラウス〈しまむら〉、パールのネックレスでクリーミーなグラデーションのおしゃれにトライ！　茶系の大きめバッグで品のいいアクセントづけを。

シャレ活! 定番アイテム 3

タックパンツ

chic
シック

•生成りタックパンツ

黒カーディガン
+
ヒョウ柄シャツ
+
スリッポン

30ページと同じタックパンツでも、こちらは黒やヒョウ柄シャツ〈H&M〉の辛口トップス、ハラコ模様のスリッポン〈ザラ〉と組み合わせて大人シックな印象。バッグを手持ちにして、都会的にまとめます。

•オレンジタックパンツ

紺とオレンジのボーダーセーター
+
紐靴

明るいオレンジのアウトタックのパンツ〈ジーユー〉、オレンジの差し色が効いたボーダーセーター〈ユニクロ〉の軽快なシンプルコーデに、同系色スカーフを巻いてオシャレ度をアップ!

casual
カジュアル

タックパンツ
在庫処分のセールで590円!

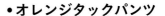

タックパンツ

タックのおかげで腰まわりすっきり！楽ちんなのに、やぼったく見えない

パンツにタックがあるだけで、ヒップに立体感が出て腰まわりはすっきり。おまけに体のラインを拾わずストンと落ちるシルエットなので足長効果も期待でき、シニアにとってはうれしい味方です！

楽ちんなのにやぼったく見えず、きちんと感もあるから、介護の仕事の通勤用としてよくはいていました。仕事を辞めてからは明るい色を選んで、幾通りものコーデを楽しんでいます。

今やプチプラではすっかり定番になりましたが、お腹まわりが入れば、ＬでもＭでもサイズは何でもＯＫ。たとえば〈ユニクロ〉と〈ジーユー〉とではサイズ感は異なりますし、同じメーカーでも各コレクションで違っていたりするからです。

タックの山の向き、タックの本数はさほど気にせず、自分が着たいと思うタックパンツを直感で選んでいます。最近は通常丈のほかに短めや長めなど、丈が選べる場合もありますが、私はぺたんこ靴が多いので通常丈が定番です。

大人のシャレ活 初心者さんへ

ウエストに合わせて選びましょう。サイズが大きいとシルエットがだぼついて、太めに見えたり、だらしない印象になったり。着心地も悪いかもしれません。

インタックのシルエットは、
やや細身になる気がします。

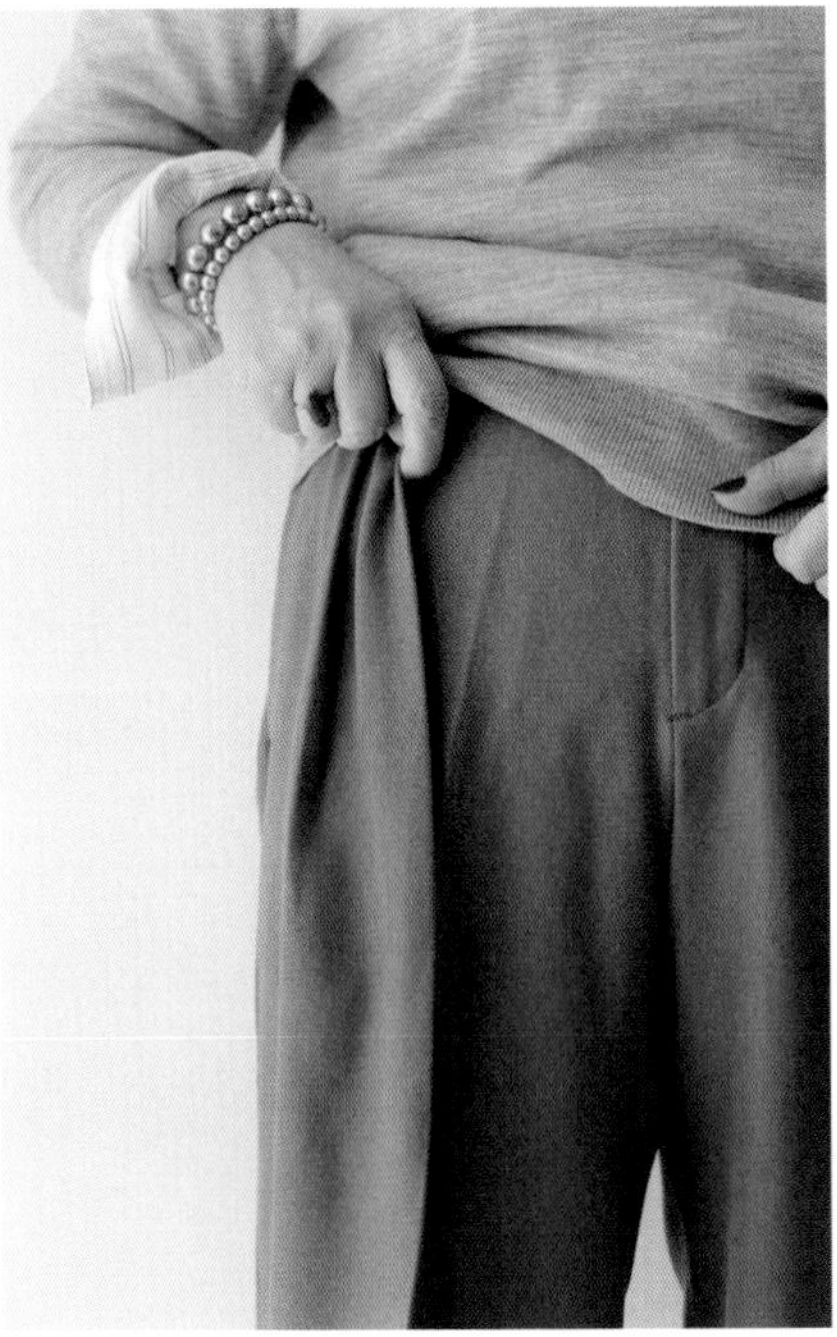

アウトタックは、どちらかと
いうとカジュアルな印象に。

思い込みで、いつも同じサイズを選ばないでね！

普段パンツのサイズはＬですが、最近太ったのに、メーカーやデザインによってはＭがぴったりの場合もあります。思い込みは禁物ですね。試着する際には新しいサイズにも挑戦して、ベストな一着を見つけてください！

青タックパンツは、31ページのグレータックパンツの色違いです。

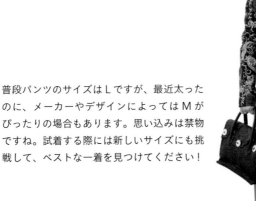

白シャツ

シャレ活！ 定番アイテム ❹

ネックレス
2本セットで
500円

elegant
エレガント

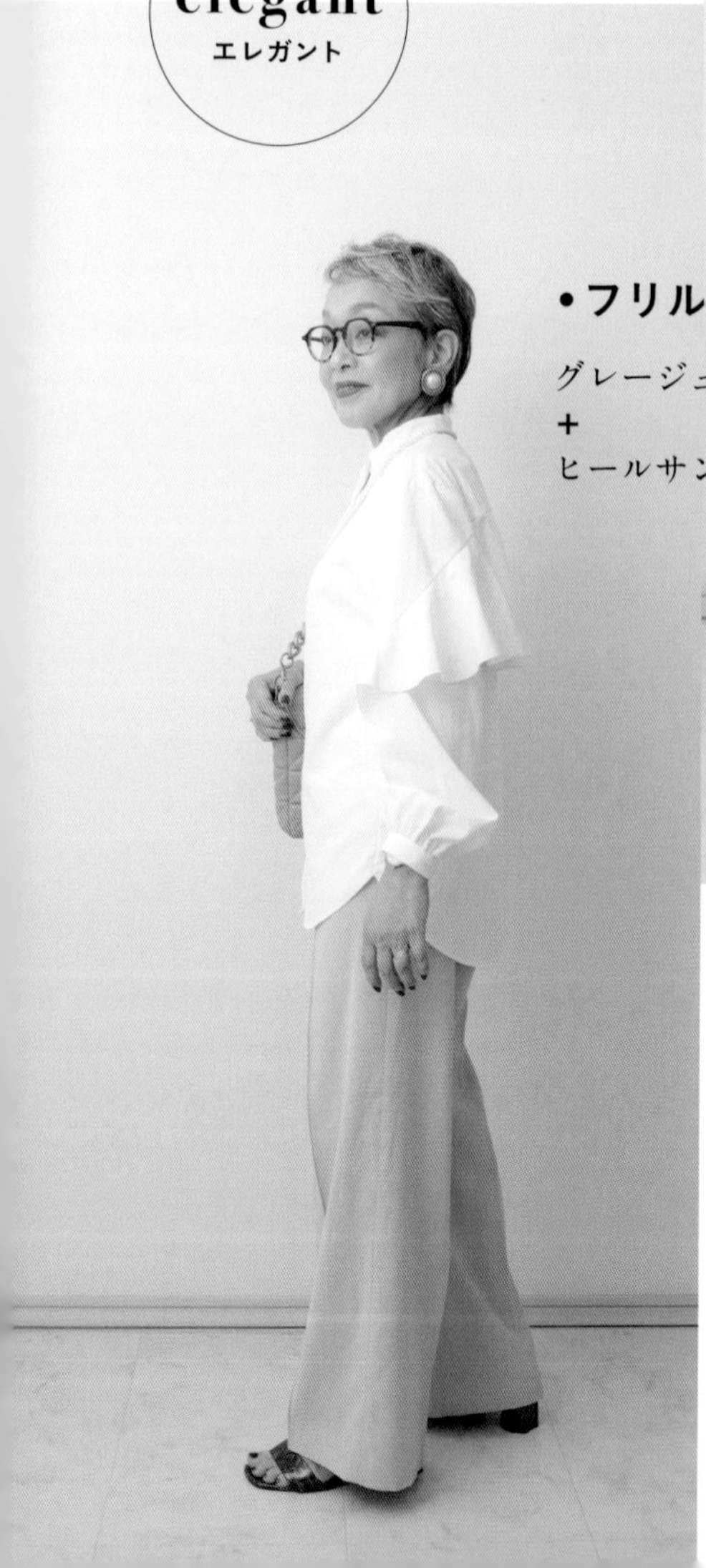

•フリル白シャツ

グレージュストレートパンツ
＋
ヒールサンダル

大きなフリル付きの白シャツ〈ジーユー〉は、落ち着いたパンツ、ヒールサンダル〈ザラ〉、パールとシルバーボールチェーンのネックレス〈ジーユー〉でエレガントに。シンプルだからこそ、キルティングバッグ〈ザラ〉でアクセントをプラス！

•テロテロ白シャツ

青タックパンツ
+
サイドゴアブーツ

ポリエステル100%のツルッとした肌触りがお気に入りの白シャツは、「きれいな青!」と思わず目にとまったタックパンツ〈ユニクロ〉にインしてすっきりと。首元には水色スカーフを「ぐちゃぐちゃ巻き(51ページ)」にして華やかに。

mannish
マニッシュ

タックパンツ
型落ち品で
990円!

シャレ活！ 定番アイテム 4
白シャツ

casual
カジュアル

•チャイナ風白シャツ

緑タンクトップ
＋
茶タイパンツ
＋
サンダル

時間をかけてネット通販で探した肉厚生地のオーバーサイズな白シャツは、チャイナボタンを全部外してシャツジャケット風に。羽織ると、また別の雰囲気になって楽しいでしょう〜。

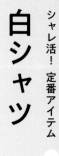

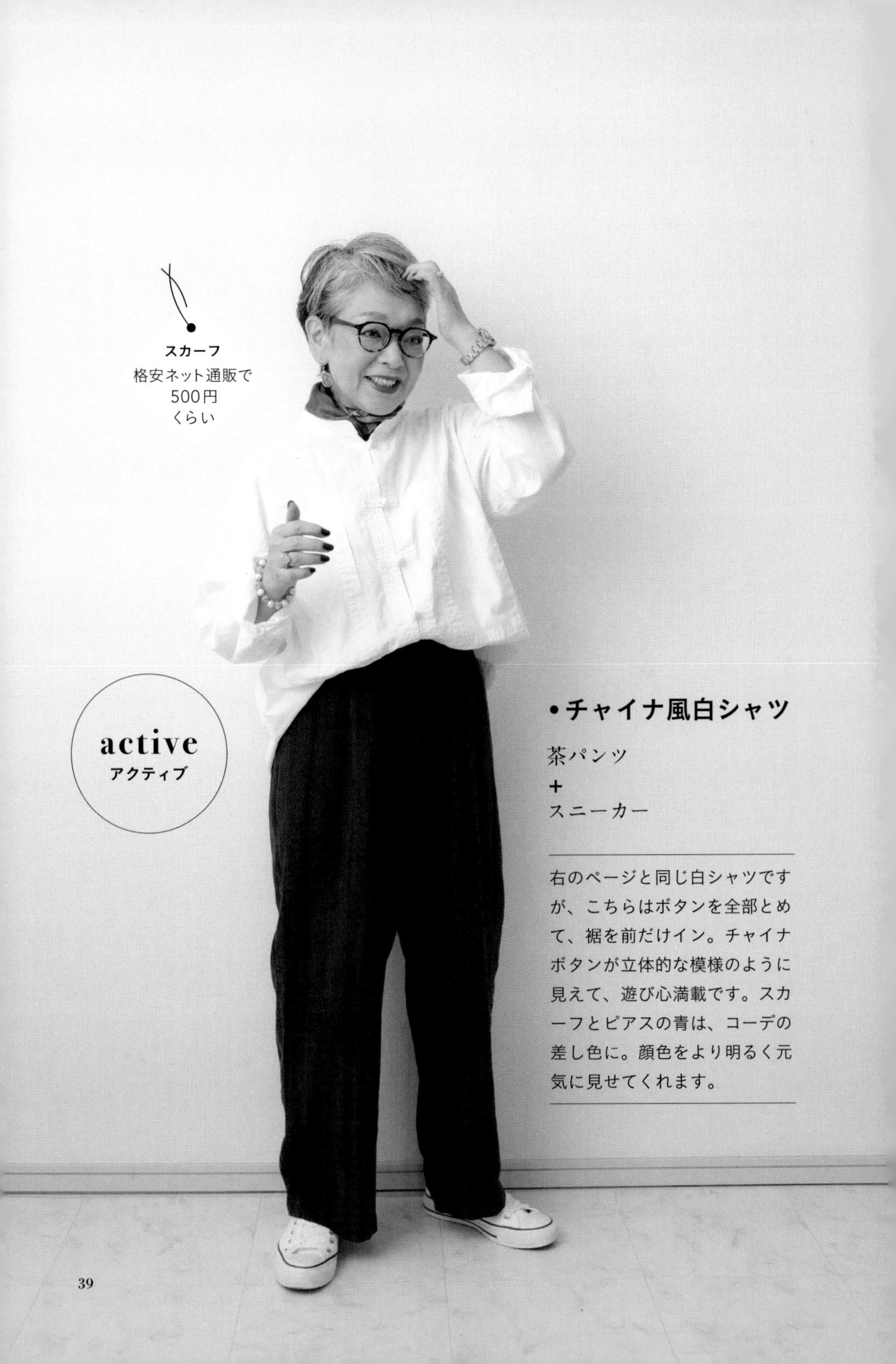

スカーフ
格安ネット通販で
500円
くらい

active
アクティブ

•チャイナ風白シャツ

茶パンツ
+
スニーカー

右のページと同じ白シャツですが、こちらはボタンを全部とめて、裾を前だけイン。チャイナボタンが立体的な模様のように見えて、遊び心満載です。スカーフとピアスの青は、コーデの差し色に。顔色をより明るく元気に見せてくれます。

シャレ活！ 定番アイテム 4

白シャツ

定番にプラスして凝ったデザインにも挑戦しよう！

白シャツはほとんどのプチプラブランドが必ず出している定番中の定番アイテム。

毎年、シルエット、襟の形、ポケットの大きさや位置、着丈などのデザインが微妙に変わるので、追っかけて見ていると結構おもしろいんです。それは白Tシャツも同じです。

「今年はかなり自分好み！」と喜んだある年、娘も同じ白シャツを買っていて、「やっぱり親子ね」ってびっくりしたことが

オーバーサイズの白シャツなら、腰まわりをふんわりカバー。

やっと見つけた、品のいいスタンドカラーとチャイナボタン。

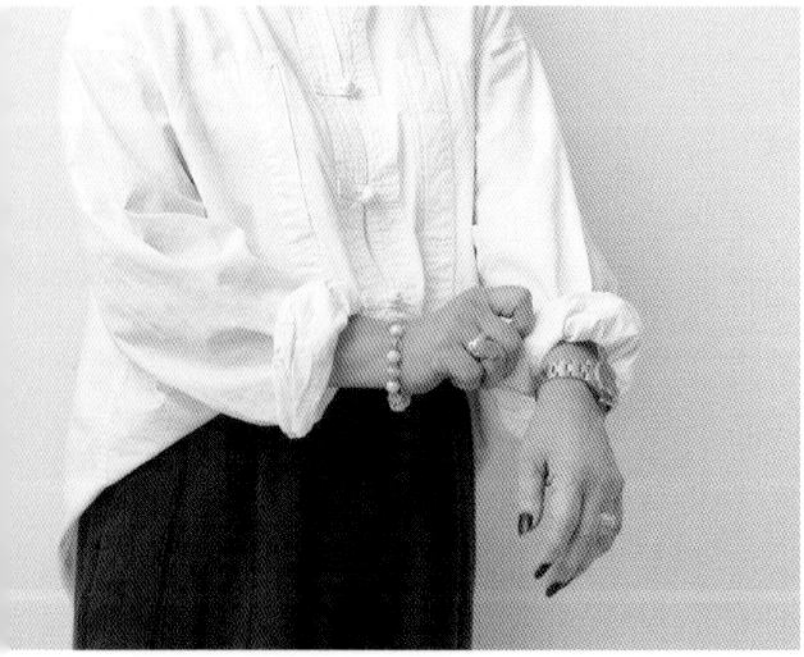

ばぁば得意の「ぐちゃぐちゃまくり」で袖はふわりと無造作に。

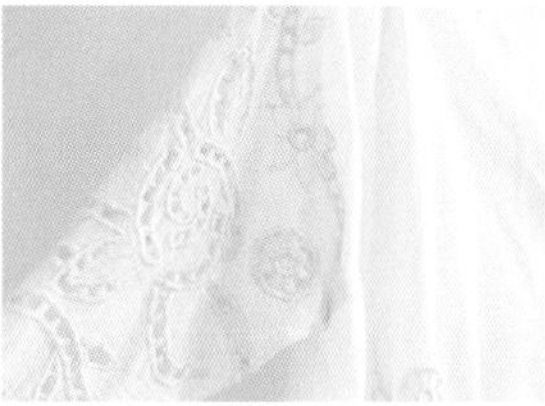

凝った刺繍入りの白カーディガンは、長い間、大切に着ています。

ありました（笑）。

定番以外の、凝ったデザインの白シャツも店頭には毎年並びます。せっかくのプチプラですから、着たいと思ったらどんどん挑戦しなくっちゃ！　デザインのユニークさはもちろんですが、ポリエステルなど生地独特の質感も楽しみます。

そうそう、白シャツのコーデは、鏡の前で、「ちょっといいじゃん、私」って気分を盛り上げながら、無造作に袖をまくって手首まわりの肌をのぞかせてみるのもポイントです。

大人のシャレ活 初心者さんへ

きちんと感を出したいときはジャストサイズ、羽織りとしても使いたいならオーバーサイズというように、最初に着こなしのイメージを決めておくと探しやすいと思います。

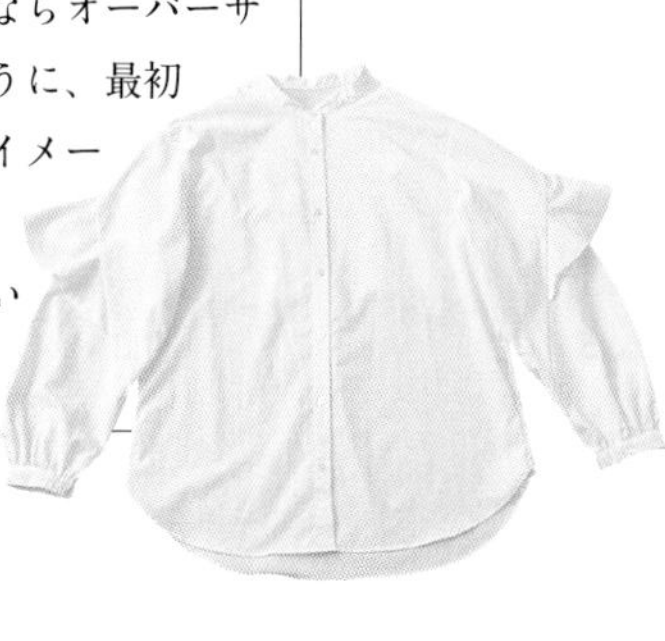

透ける生地の白ブラウスは、個性的でありながら着回しがきく便利な一着。

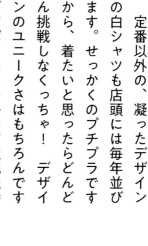

シャレ活！ 定番アイテム 5

アクセサリー

上の写真ではシックにまとめたパールとシルバーに、〈ローリーロドキン〉の指輪でビターテイストをプラス。下は母の形見のトルコ石の指輪、淡水パールネックレスのぐるぐる巻き。

全部自分好みだから、ごちゃごちゃでもしっくりします。

ゾウさんのエスニックなゴールドバングルは300円で購入!

大きなパールのピアスと華奢《きゃしゃ》なシルバーブレスレットで軽快に〜。

左手はプチプラの4連ボールチェーン、右手は石のブレスレット。

赤いマニキュアも、アクセサリー感覚で!

革紐をラフに巻いてブレスレットに。指輪は〈ローリーロドキン〉。

シャレ活! 定番アイテム 5

アクセサリー

300円で買った品のあるピアスは、おしゃれマジックの魔法の杖!

大ぶりな石の指輪やゴールドのデザインリングは、祖母や母、姉の形見の品。

指輪、ブレスレット、ネックレス、ピアス あれこれ悩まず、直感でセレクト

私のおしゃれは、指輪、ブレスレット、ネックレス(代わりにスカーフをすることも)、ピアス、そのすべてをまとって完成します!

アクセサリーはたくさんもっていますが、きれいに整理していなくても頭の中にインプットしているので、「今日はこれ、これ、これ!」って感じで、コーデに合わせて直感で選びます。あれこれ考えて悩み始めるときりがないので、ピピピとやってくる直感にお任せするのがいちばん!

アクセサリーの魅力は、コーデを個性的にランクアップすること。それから同じ服でもアクセサリーを替えると違った雰囲気になること。そんなふうに思っているので、ステイタスのある豪華な宝石でなくても、プチプラで十分、いい仕事をしてくれるんです!

大人のシャレ活初心者さんへ

夏はカラフルで大ぶりなもの、年末にはキラキラ輝くクリスマスっぽいものなど、普段は悩んで買うのをやめるような個性派アクセサリーもプチプラなら気軽〜。高価なものと組み合わせても素敵。ぜひお試しください。

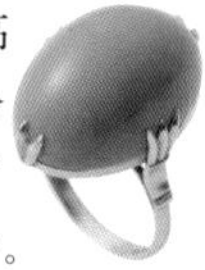

左手には大昔に夫から贈られた〈ブルガリ〉の時計。右手の〈シャネル〉のバングルとピアスは姉の形見。

若い頃からお金を貯めて少しずつ買い集めていたアメリカのジュエリーブランド〈ローリーロドキン〉の宝物たち。

スカーフ

シャレ活！ 定番アイテム 6

装いのアクセントとしてだけでなく、しわ隠し、保温、日除けなどの実用性も。

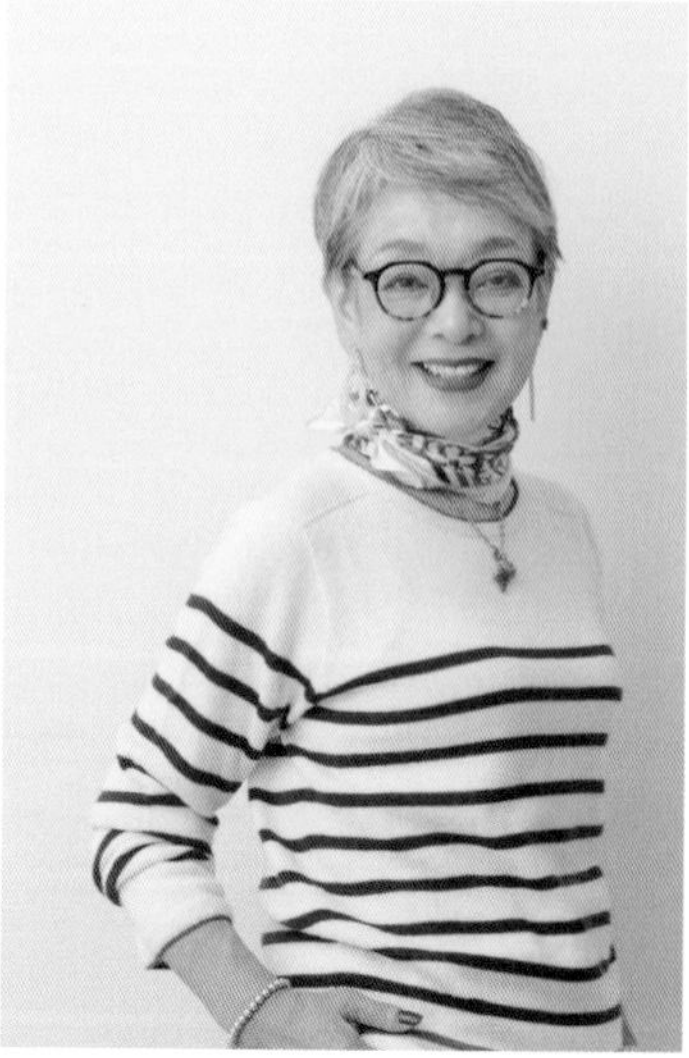

胸元の肌をのぞかせるようにして巻けば、ネックレスとも好相性。

大人のシャレ活 初心者さんへ

スカーフの中の1色と服の色を同じにするとコーデがきれいにまとまります。
スカーフ選びは単色や2色ではなく、多色のものにすると色合せの幅が広がり、重宝します！

スカーフ1枚で、
いろいろなアレンジが
楽しめます。

同じスカーフでも色の出し方で雰囲気は変わります。上の写真はピンクを意識して、水色、白、茶とともに明るい印象。下は水色を多めに出して上品に。

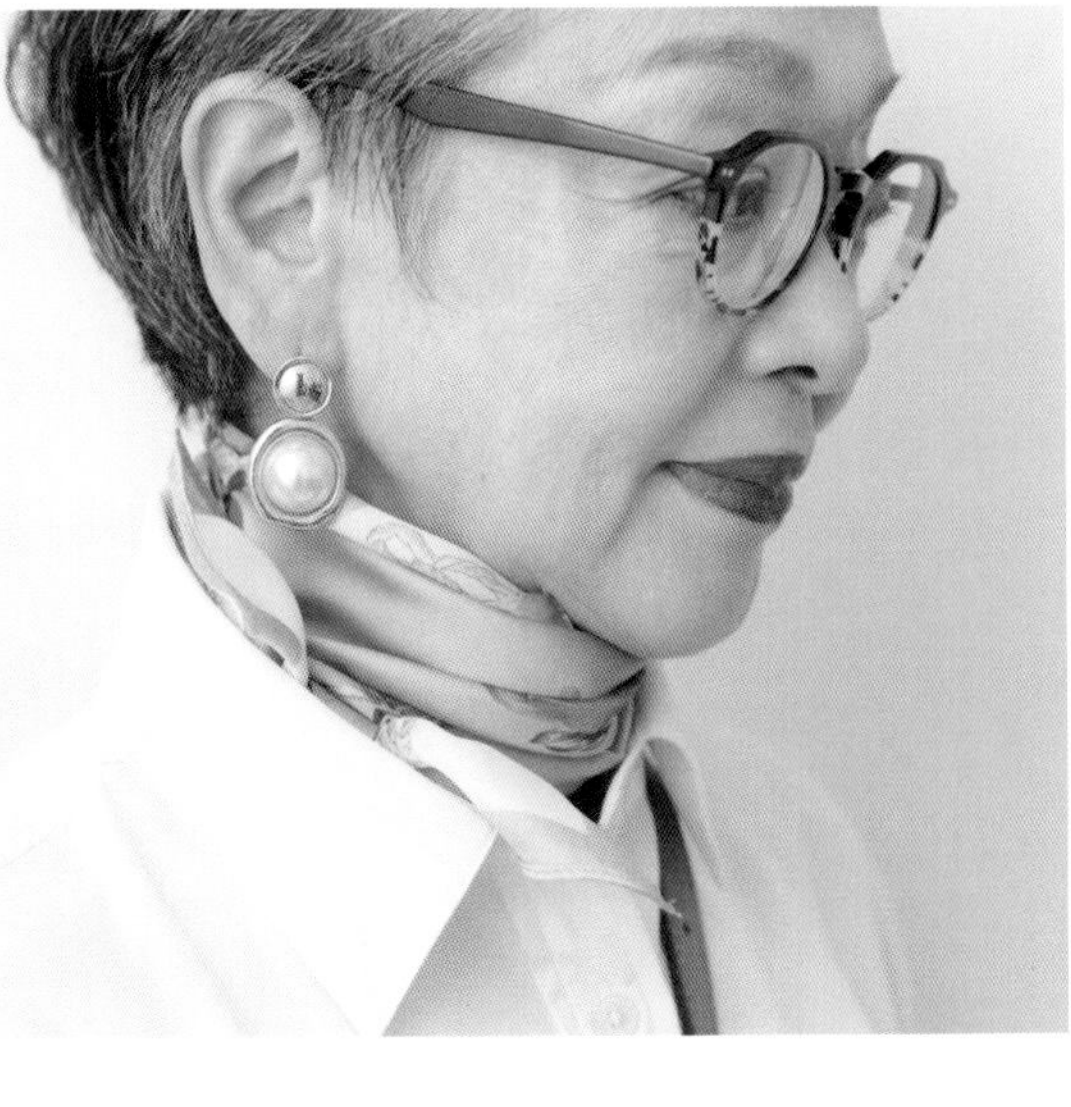

シャレ活! 定番アイテム 6

ストールとマフラー

ポッカポカ!
首元を暖かく包む大判ストール。

好きすぎて、点々とできた毛玉まで愛しい大判ストール。ピンク、青、緑、黄色がミックスされた明るい色みなので、寒い冬でも元気になれます!

レースの凝ったデザインのストールは、アクセサリー感覚で巻いています。

大人のシャレ活 初心者さんへ

腰巻になるほどの大判や細いテープ状などいろいろな形があるから、「どれがいい?」と悩むこともありますよね。「ぐちゃぐちゃ巻き(51ページ)」なら、どんな形でもカッコよく巻けるので、お好きなものを選んで～。

ヒョウ柄にショッキングピンクの模様が入ったストールは、意外にどんな服ともよく合います。

ニュアンスのあるポリエステルのストールは300円で購入したお気に入り。

シャレ活！ 定番アイテム 6

スカーフ、ストールとマフラー

首元のおしゃれは誰でも簡単、「ぐちゃぐちゃ巻き」で

巻きものが大好きです。シンプルなトップスでも、巻きものがあれば、映えコーデに格上げできるのがうれしくて。

私がパキッとした色やアジアンな雰囲気の花柄が好きなのは、昔から。だから穴があいても、擦り切れても、40年近くお気に入りの〈KENZO〉のスカーフを今も大事に使っています。大判だから、娘たちが赤ちゃんのときには、おくるみとして使ったりしていました。

巻きもの探しは、〈ザラ〉、東京の下北沢や高円寺にあるエスニックショップや古着屋さん、そして最近は格安ネット通販〈SHEIN（シーイン）〉をよく利用しています。1000円あれば何枚もスカーフが買えるから、もうワクワクで目移りしちゃって（笑）。

巻き方はいたってシンプル。簡単にできる「ぐちゃぐちゃ巻き」が私流。ぐちゃぐちゃになるほど、カッコよくキマります。

スカーフはシルクタイプやポリエステルといったテロテロの薄い素材をチョイス。サイズの大小は気にしません。

ストールとマフラーは、冬はウールなどの暖かい素材、夏は麻や綿のさらりと肌になじむ素材を選んで、年中巻いています。

ばぁばマジック！
ぐちゃぐちゃ巻き

〈KENZO〉の大判正方形のスカーフで実演！
長方形の巻きものも、ぐちゃぐちゃに細くたたみ、同じように巻いてみてー。

たたむ

1

端をもって、三角にたたむ。

2

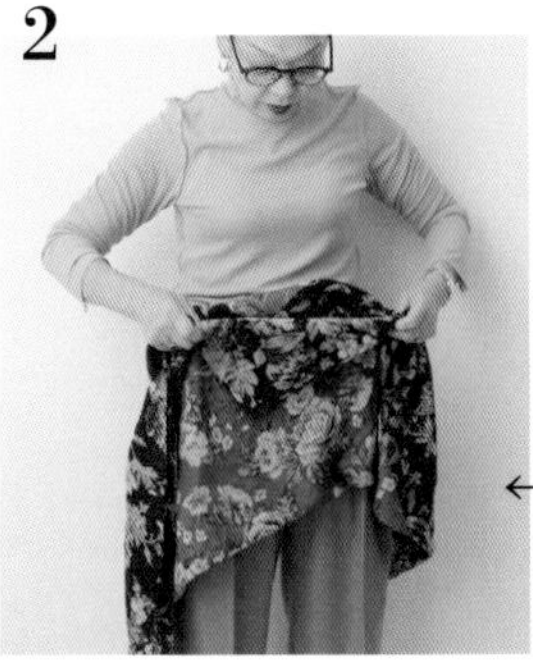

ぐちゃぐちゃに細かくたたむ。

巻く

3

首にかける。

4

ふんわり巻く。

5

もう１周巻く。

6

端と端を結ぶ。

整える

7

端を押し込む。

8

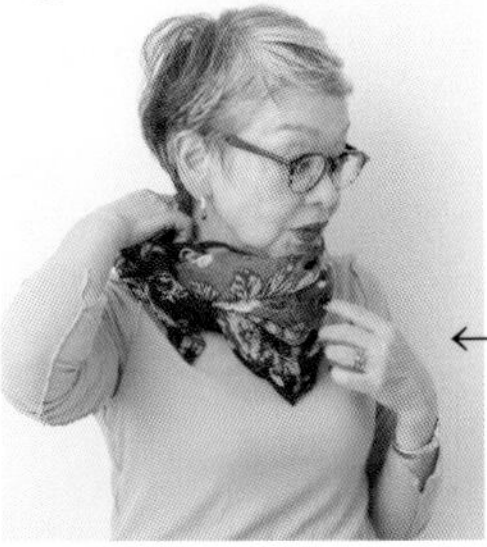

全体をざっくり整える。

9

完成！

2章

服と小物のビビッとおしゃれ術

―おしゃれマジック炸裂ポイント―

誰でももっている「カーディガン」に「ジャケット」、
ばぁば必須の「パール」「メガネ、サングラス」など。
身近な服と小物を余すことなく活用して、「おお
〜！」と心憎い、おしゃれ炸裂ポイントをお伝えし
ましょう。まさに〝プチプラおしゃれの魔術師〟に
なった気分、なんてね。

宝物
2

大好きなイラストレーター・内藤ルネの「バッキンガム近衛兵さん」と「ルネパンダ」の人形。

セーター

chic
シック

スカーフ
格安ネット通販で
350円

ハイヒール
バックスキンで
2,900円!

•緑セーター

生成りタックパンツ
+
ハイヒール

セーター〈ユニクロ〉、タックパンツ〈ユニクロ〉、ハイヒール〈ジーユー〉のシックなコーデに、スカーフやネックレスで首元に遊び心を加えるのがばぁば流。ネックレスの長さは、鏡を見て自分がOKなら、それが正解。2本使いにしても素敵です。

•グレーセーター

黒とグレーのチュールスカート
＋
サイドゴアブーツ

流行りのビッグシルエットのセーター〈ユニクロ〉は、ばぁばにしては珍しいスカート〈しまむら〉と合わせて。フェミニンなチュールに存在感がありすぎて、ネックレスを付けるのを忘れました。そんな日もあります（笑）。サイドゴアブーツで甘辛ミックスに。

sweet & bitter
スイート＆ビター

スカート
しまパト戦利品
1,700円!

おしゃれマジック炸裂ポイント ❶

セーター

セーターは単色でプレーンなデザインのものを選ぶことが多いです。シンプルな装いになるので、その分、スカーフ、ストールとマフラー、ネックレスで思いっきり遊びますよ！

なんだかVネックは似合わないので、丸襟ばかり。タートルネックも好みです。

セーター選びで大事にしているのは、サイズ感。1枚で着たいセーターなら、体に合うジャストサイズがベストです。

単色のプレーンなセーターにスカーフやネックレスを合わせて遊ぶ

私の場合はMサイズ。セーターの中にシャツなどを合わせて着たいなら、ひと回り大きいLを購入します。

最近流行っているビッグシルエットのセーターは、Mでもかなり体が泳ぐようなたっぷり感がありますが、「へぇ～、今の人はこんな感じなのねー」と思いながら、旬のアイテムも臆せず試してプチプラおしゃれを楽しんでいます。

おしゃれマジック炸裂ポイント ②

カーディガン

プチプラだから気楽に選べる！ メンズのXSやSにも挑戦

カーディガンもセーター同様、単色でプレーンなものばかり。コーデもセーターと同じく、スカーフやネックレスをプラスして華やかに！　私は上のボタン2つを外してインナーをのぞかせるのが好きで、だいたいそのスタイルです。

デザインが気に入れば、メンズの品を買うこともあります。「陽だまりウエア」と勝手に名付けるほど気に入った、ざっくりとしたメンズの白カーディガン（59ページ）を見つけたので、夏の終わりに買いました。「早く着たい～」と冬を待っていましたが、長い夏がなかなか終わらなくて……。

メンズの場合、私はXSかSがちょうどよく、今回はXSを選びました。

レディースとは仕立てが違ったりするので、実際に試着して自分にしっくりするかどうか、購入前にサイズ感などを確かめるようにしています。

おしゃれマジック炸裂ポイント 2

カーディガン

ショッキングピンクの模様が入ったヒョウ柄の大判ストールを巻くと、全身のメリハリアップに〜。

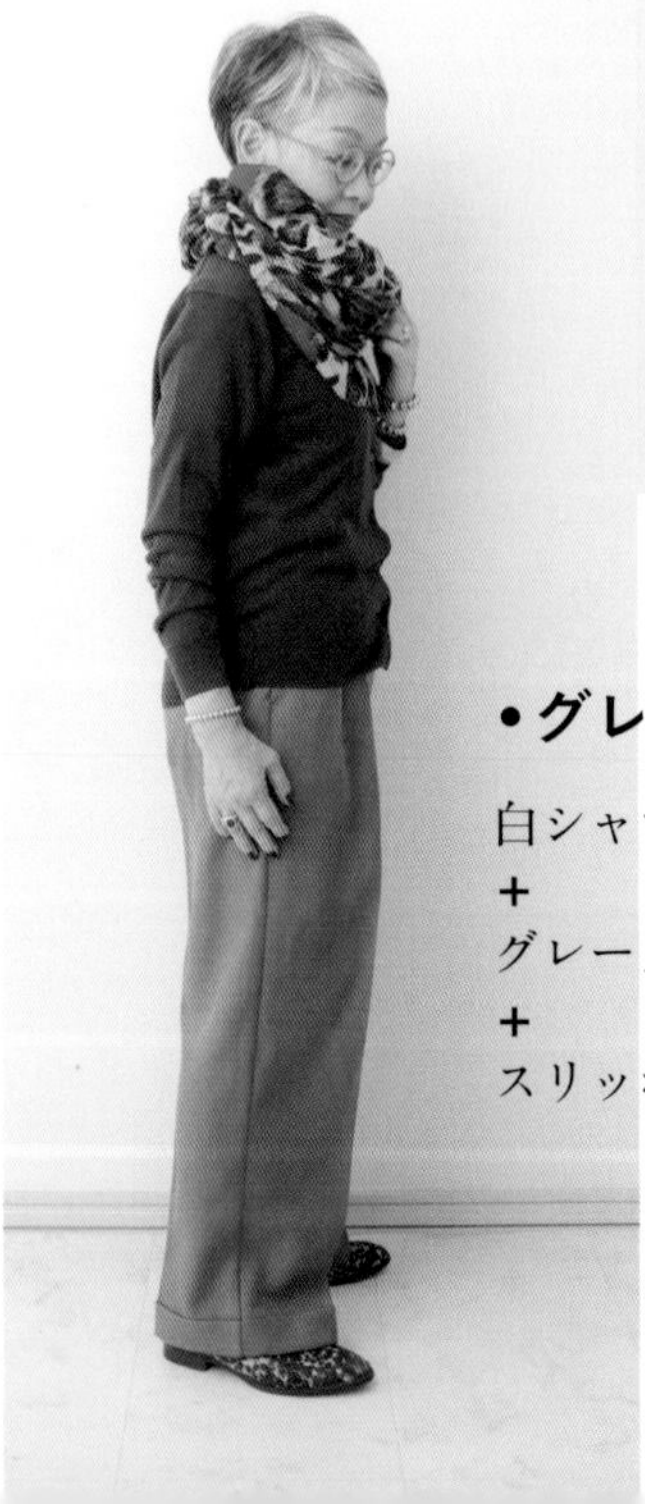

•グレーカーディガン

白シャツ
+
グレータックパンツ
+
スリッポン

チャコールグレーのカーディガン〈無印良品〉に、グレータックパンツ〈ユニクロ〉を合わせ、上２つのボタンを外してインナーの白をのぞかせます。そこにシルバーとパールのネックレスでさりげなく個性を演出！

•白カーディガン

グレーのロングスカート
+
ブーツ

メンズのXSのカーディガン〈ユニクロ〉、薄いグレーのスカート〈ユニクロ〉のプレーンなコーデに、ぱっと明るい色のスカーフ〈ユニクロ〉を巻いて華やかさを上乗せ。襟を立てるときは、無造作な感じにするのがおすすめです。

casual
カジュアル

Q&A

教えて、ばぁば！

コーデで大切なこと ②

Q

自分に合う**サイズ**の服がなかなか見つかりません。

A

私もそうなんです！

ぴったりのサイズを見つけるのは、結構大変です。本来はお店で試着して買うのがベストですが、家にいながらショッピングできる便利な通販だと試着できないですものね。

服にはいろいろなタイプがあって、**ジャストサイズでなくても、大きければ大きいなりの、小さければ小さいなりの着方がある**と思うんです。

なので、**服によって、買い方を選んでみる**のはおすすめです。

ぴったりとサイズを合わせて着たい服は、試着してから。ちょっと大きかったり小さかったりしても、それなりに着こなせるデザインの服は通販で選ぶなどしてみてください。

その方法を考えるのも楽しいことです。

Q

着こなしが
ワンパターンになりがちです。
どうしたらいいでしょう?

A

一度、クローゼットの中の**手持ちの服を全部取り出して、眺めてみましょう**。「そういえば、こんな服もあったわねー」と改めて気づくこと、結構多いんですよ。

そして**遊び感覚であれこれ好き勝手にコーデを考えてみる**と、「あらー、このスカートに、このセーターも意外と合うんじゃない!?」とびっくりするような組み合わせにハッとしたり。

アクセサリーなどの小物をプラスするだけでも雰囲気は変わりますから、やっていくうちにどんどん楽しくなるんじゃないかしら。

そのまま外出する勇気がなければ、家でトライ。**おうちの中**でスカーフを巻いて**ちょっとおしゃれして**過ごして、少しずつ着こなしの幅を広げていってください。

おしゃれマジック炸裂ポイント 3

ジャケット

•柄ジャケット

ターコイズブルーカットソー
+
青タックパンツ

着丈の短いノーカラージャケットは、使い勝手のいい紺ベースの柄ものをネットショッピング。織りの柄が気に入ってね。いろいろな色が入っているので、組み合わせやすい！　顔まわりが寂しくならないよう、大粒パールのネックレスをあしらいました。

elegant
エレガント

chic
シック

•紺ブレザー

白とグレーのボーダーカットソー
+
生成りタックパンツ
+
スリッポン

オーバーサイズなので悩みましたが、セール品なので購入した紺ブレザー〈ジーユー〉。袖を無造作にたくし上げて紺地の面積を細長くすると、大きさをカムフラージュできるのでバランスよく見えます。着るというより、羽織る感じでラフにまとって。

コサージュ
デニムから
リメイクした
手作り品

紺ブレザー
ほぼ半額セールで
2,990円!

おしゃれマジック炸裂ポイント 3

ジャケット

オーソドックスな紺ブレは、いつの時代もおしゃれの必修科目ですね。

正統派トラッドの紺ブレは今が旬のオーバーサイズで

普段ジャケットはあまり着ないのですが、セールで3000円以下の紺ブレザーを見つけたときにはドキンと心が震えました（笑）。その昔、アイビールックとして一世風靡した、いわゆる「紺ブレ」は、私たち世代には特別の思いがあるのかもしれません。

紺ブレザーにはシングルとダブルがあって、ゴールドやシルバーのメタルボタンを使用し、かつては胸元によくエンブレムが付いていました。

昨年あたりから再び注目を集めていますが、今はほどよくゆとりのあるオーバーサイズがトレンド。着丈が短めでジャストサイズといった昭和スタイルの紺ブレに慣れている私には、最初ちょっと違和感がありましたが、羽織ってみるとなかなかいい感じ。太めのタックパンツやロング丈のスカートと合わせると、堅苦しくならない令和コーデに仕上がります。

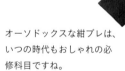

一方、適度な抜け感と品のよさが特徴のノーカラージャケットは、体に沿うようなジャストサイズがおすすめ。カーディガンのように着られて、ジャケットより気軽です。

丈は長すぎるとやぼったくなりますから、腰回りがちょっと隠れる程度の長さがベストなんじゃないかしら。

ノーカラージャケットは体に沿うジャストサイズで品よく

単色よりもいろいろな色が入っているほうが組み合わせしやすく、コーデの幅は広がります。スカーフと同じですね。

襟がないので、明るい色のタートルネック、ネックレス、スカーフなどで首元に華やかさをプラスすると、表情を明るく見せてくれますよ。

おしゃれマジック炸裂ポイント 4

革ジャン

sweet & bitter
スイート&ビター

•黒の革ジャン

白ヒートテック
+
黒と白のチェックスカート
+
サイドゴアブーツ

ピリッと辛口なライダーズジャケットに、あえてかわいらしいチェックのスカート〈しまむら〉、重厚感のあるサイドゴアブーツ〈ザラ〉を合わせて甘辛ミックスに。インナーは薄手のセーターでもOK。白いマフラーを巻いてもいい感じに。

スカート
しまパト戦利品
1,700円!

active
アクティブ

•緑の革ブレザー

紺とオレンジのボーダーセーター
+
オレンジタックパンツ
+
厚底スニーカー

33ページのコーデに、ビンテージショップで見つけた革ブレザーを合わせると、アクティブな大人の女性のカッコよさが引き立ちます。ショルダーバッグを斜め掛けにしたら、軽快さも加わってハツラツとした印象に。

おしゃれマジック炸裂ポイント ❹

革ジャン

シニア世代でも革ジャンをカッコよく着たい！

何十年も前から革ジャンは気になっていて、あちこちで見てはいたんです。でも153㎝と小柄な私に合う一着はなかった。ところがあるとき、たまたま通りかかったビンテージショップで出会ったんです！

それはXSサイズのイギリス製。着てみると肩まわりがぴったりで、中古にもかかわらず状態もいい。正確な値段は忘れましたが、1万円くらいだったと思います。想定外のプチプラに

驚いて理由を聞くと、「煙草のにおいがしみついているから」という回答でした。

もう即買いでした！　ニコチン臭は外干ししたら取れますからね。

翌年、同じお店で見つけたのが緑の革ブレザーです。丁寧に作られたボタンホールやくるみボタンに、またまたひと目ぼれ。

古着の革ジャンは出合いなんですね。「あっ、これ！」ってときめいたら、買っておいたほうがいい。この先もずっと革ジャンをカッコよく着こなす、ばぁばでいたいですね。

おしゃれマジック炸裂ポイント 5

ダウンジャケットとコート

何年か前に、ひと目ぼれして購入しました。毎年楽しみに、着ています。

冬はトレンドアウターで寒さに負けず、ハッピーに

冬のお楽しみ、ダウンジャケットとコートは、ひと癖ある旬のものを取り入れます。デザインもそうですが、生地や色も、ちょっと冒険しているかなぁ。〈ザラ〉で見つけたショート丈のダウンジャケットでは、今までシャツでしかやったことがない「抜き襟」に挑戦。若い人がほどよい抜け感で着こなしている姿を見て、真似してみました。〈ユニクロ〉のコートは、ボアフリースというモコモコの生地が特徴的です。軽くて暖かいので、「今、着たい！」と購入しました。

シニア世代でも、若者の流行りのファッションをハッピーな気持ちで楽しみたいんです。そういう感覚は、いくつになっても忘れたくないんですよね！

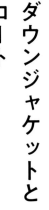

おしゃれマジック炸裂ポイント 5

ダウンジャケットとコート

active
アクティブ

•黒コート

グレーセーター
+
黒とグレーのチュールスカート
+
サイドゴアブーツ

55ページのコーデに、フリースのロングコート〈ユニクロ〉を羽織って。黒ですが紺に近い色みなので、重たい印象にならないのが好ポイント。ジャストサイズよりやや大きめのゆったりとしたフォルムが旬の印象！

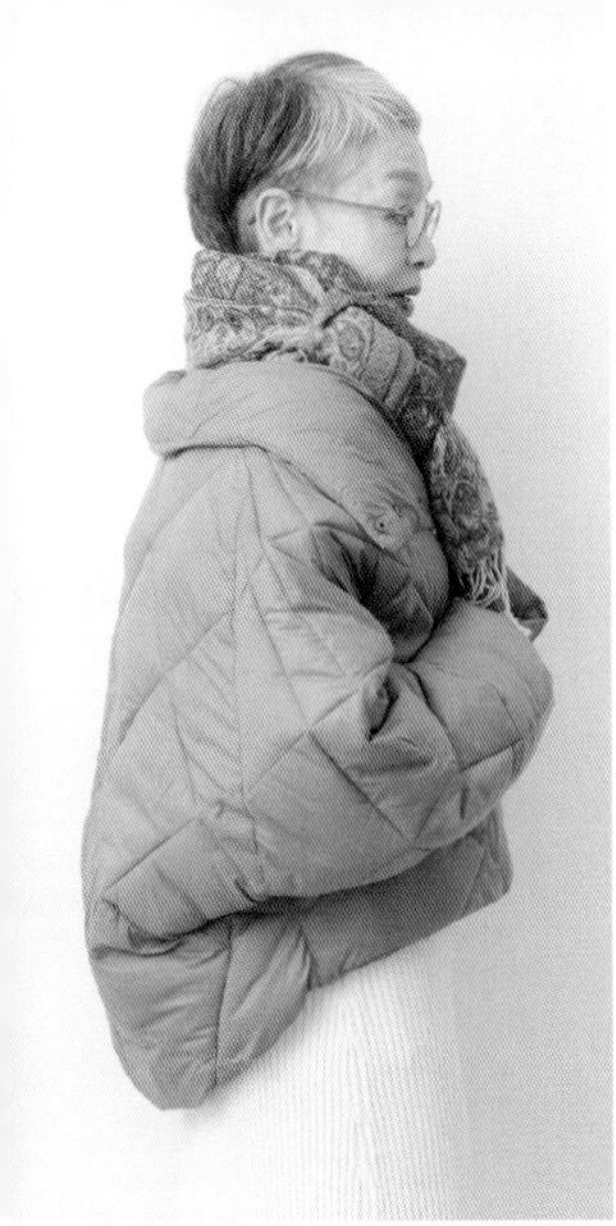

active
アクティブ

•カーキダウンジャケット

白ニットのワンピース
+
サイドゴアブーツ

ルーズなドロップショルダーのダウンジャケット〈ザラ〉は、今どきの「抜き襟」に挑戦して若々しく着こなします。華やかな大判ストールの「ぐちゃぐちゃ巻き」でアクセントをプラスし、美シルエットに。

Q & A

教えて、ばぁば!

コーデで大切なこと ③

Q

流行りのファッションとの付き合い方を教えてください!

A

急には無理ですよね。

何度も売り場に通ったり、ネットで若い人のファッションをチェックしたり。私の場合は娘たちの服を見たりもします。そうした**情報収集は必要**です。若者のファッションを否定せず、**楽しみながら真似できるといい**ですよね。

感性を刺激していくと、アンテナが立ってくるので、売り場に出かけたとき、「今年はこの色が流行っている」「大きめのシルエットが人気なんだ」と自分の目でトレンドがはっきりと見えるようになってきます。

そうなったらしめたもの。今の流行が自分に似合うか**ワクワクしながら試せばいい**んですよー。

Q

若者風のおしゃれ、
ちょっと恥ずかしいけれど、
トライしてみたいです……。

A

もう、**ぜひやってみてください!** いいのか悪いのか、二択の答えはない世界ですからね。やったもの勝ちですよ。

私、よくよく考えると、若い頃からベーシックな部分では着たい服は変わっていないんです。その**定番スタイルに今風テイストをちょっと取り入れて**楽しんでいるのかな。

若い子たちがやっている襟を後ろに引っ張る「抜き襟」。真似してやってみたら結構よくて、最近はシャツだけでなく、ダウンジャケットでもやっちゃっていますから(笑)。

おしゃれマジック炸裂ポイント 6

スニーカー

今、お気に入りのスニーカーは、厚底スニーカー〈プーマ・トリニティ〉、マジックベルト付き厚底スニーカー〈しまむら〉、永遠の定番〈コンバース・オールスター〉2足。

〈コンバース〉を代表するアイコン「オールスター」は、この先もずっと履き続けていきたいばぁばの定番。パンツとスカートのどちらにも合わせやすく、またカジュアルだけでなく、きれいめスタイルもつくれる秀逸なおしゃれスニーカーです！

〈コンバース〉は、いろいろな色を履いてきました。

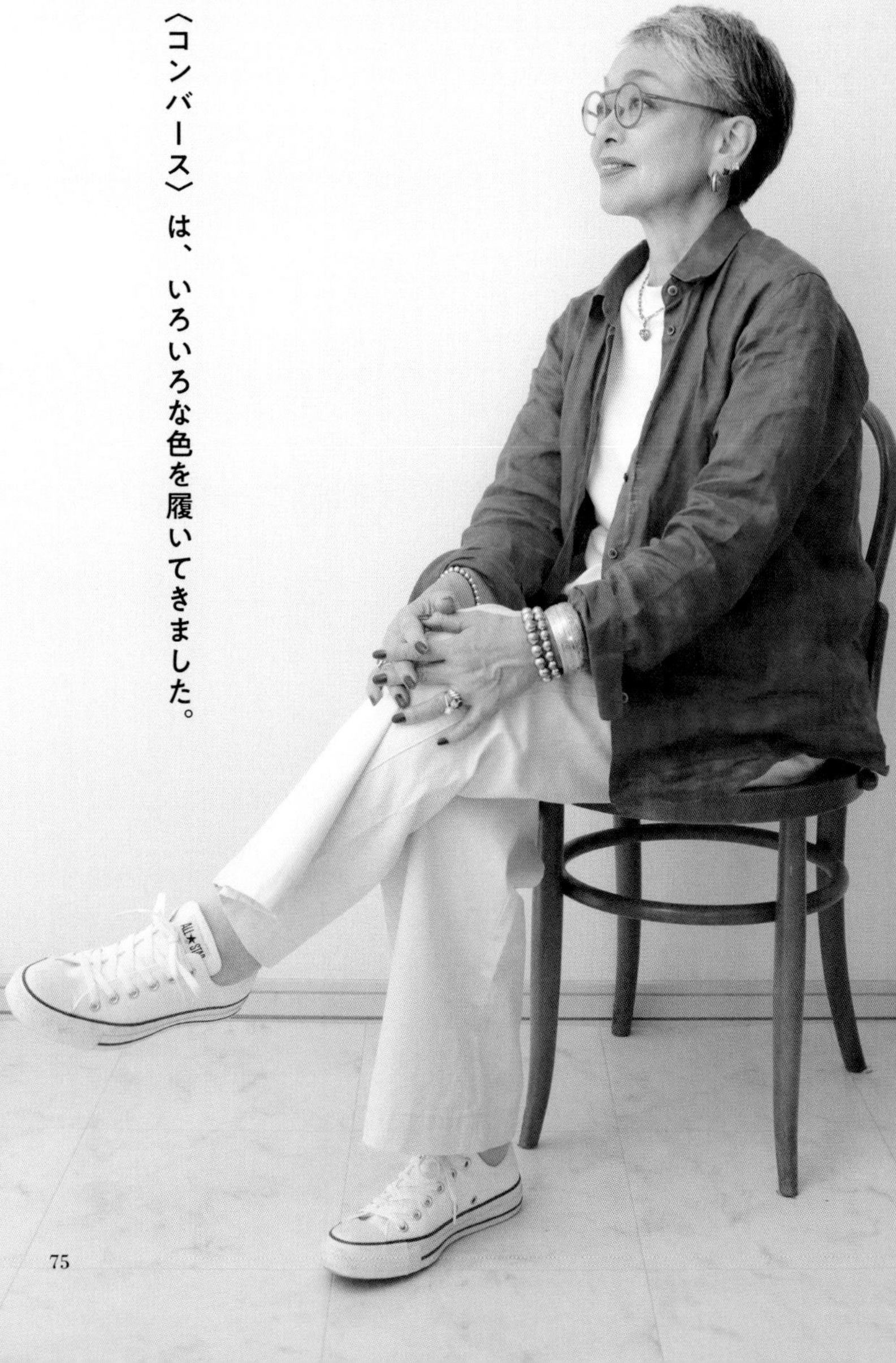

おしゃれマジック炸裂ポイント 6

スニーカー

グレーのハイカットは、モノトーンから明るい色の服まで、オールマイティに相性がいいので重宝します。

永遠の定番コンバースと今は流行の厚底スニーカーが好き！

若い頃から、スニーカーは本当によく履いていました。特に〈コンバース・オールスター〉は家族全員が愛用するスニーカーで、必ずシューズボックスに並んでいます。

昔から履き方にはこだわりがあるんです。足のサイズは23・5cmですが、〈コンバース・オールスター〉は1cm大きい24・5cmを購入。

というのも甲の部分を紐でギューッときつく絞って細くしたいから。今でもそれがいちばんおしゃれだと信じています(笑)。

それから最近は若い人に流行の厚底スニーカーも取り入れています。旬のアイテムでもスニーカーなら気張りすぎない雰囲気になりますし、これが結構履きやすい。歩きやすさも問題なしです。

白×ベージュの微妙なくすみカラーなら重くならず、今の私のアクティブな気分にもぴったり合っています！

おしゃれマジック炸裂ポイント 7

サイドゴアブーツ

サイドゴアブーツとは、足の内外両側のくるぶし周辺に「ゴア（マチ）」が施されたブーツのこと。1830年代、ロンドンのシューズメーカーがヴィクトリア女王のためにフィット感がよくて着脱しやすいブーツをと考え出したもので、やがて世界に広まりました。

そもそもレディースからスタートしたブーツだというのは、ちょっと驚きです。

ロング丈のスカートに合わせるのがお気に入りです。

ここ2、3年は人気再熱 気取らないテイストではきやすい！

私もカジュアルすぎず、さりとて堅苦しくもない、気取らないテイストが大好きです。

パンツだけでなく、普段ほとんどはかないスカートに合わせるのも、だいだいサイドゴアブーツ。スカートの甘さを和らげて、こなれた印象に仕上がるので気に入っています。

ここ2、3年は人気が再熱して、色やデザインのバリエーションが増えてうれしい限り。

なかでも〈ザラ〉のそれは、プチプラでもかなり履きやすく、デザインもおしゃれでバリエーションに富むので、すっかりハマってしまいました。

おしゃれマジック炸裂ポイント 7

サイドゴアブーツ

黒ジャンバー
裾は切りっぱなし!
古着屋さんで
購入

ソールとゴアが黒になった厚底タイプの茶サイドゴアブーツ〈ザラ〉。パンツの裾をブーツにインすると、今風の足元コーデになっておしゃれ感たっぷりです。

はき心地も抜群！
お気に入りです。

66ページのコーデです。厚底タイプの黒サイドゴアブーツ〈ザラ〉は、短めのアンクル丈がポイント。ブーツの長さとスカートの丈感の絶妙なバランスで、甘辛ミックスの着こなしをアップデート！

パール

おもちゃみたいなフェイクもコーデに合わせて楽しむ

パールのアクセサリーは、エレガントにもカジュアルにも使える万能選手。私のおしゃれになくてはならない存在です。

「本物じゃなきゃダメ」というこだわりはなく、美しい貝パール、軽くて扱いやすいプラスチックパールやコットンパール、光沢のあるガラスパールといったフェイクも大好き！ プチプラのおもちゃみたいなパールでも、色合いや粒の大きさなどがコーディネートに合っていればOKです。

本物もいくつか持っています。結婚式で身につけたフォーマルなネックレスは今でも愛用していますし、祖母や母、姉の形見のパールには思い出がぎっしり詰まっています。

そうしたパールは、おしゃれのためというより、私に自信を与えてくれる特別なアイテム。お守りといったら、ちょっとオーバーかしら。いずれはふたりの娘たちに受け継がせたいと思っています。

数えたことはないけれど、ネックレスだけでも何十本も！ よく使うのはチョーカー（40cmのパールのネックレス）。

気品をもたらすパールは女性を守るとされています。

パールのネックレス、ピアス、ブレスレットの3点セットで、品よく清楚な雰囲気に。

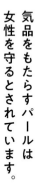

おしゃれマジック炸裂ポイント 9

ピアス

メインの垂れるタイプの大きなピアス1個、パールや石の小ぶりなピアス2個。それがばぁばの左耳の黄金バランス！

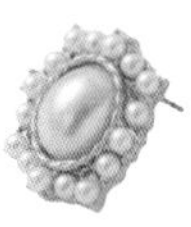

300円で大満足！ 心ときめくピアスの重ね付け

18歳で上京して、念願だったピアスの穴をあけました。25年ほど経った40代半ば、左耳にだけ、追加でふたつの穴をあけました。それからはピアスの重ね付けを楽しんでいます。

フルタイムで介護の仕事をしていたとき、仕事場だった介護施設からの帰り道にプチプラのアクセサリー・雑貨店〈ラティス〉があって、そこで300円のピアス3個を買うのが当時の唯一の息抜きでした。

ぐったり疲れていても、かわいいピアスと出合うと、キュンと心がときめきます。結構ハマっていましたね。

最近はプチプラのアクセサリー・雑貨店〈ルナアース〉、300円均一の〈スリーコインズ〉でも、300円ピアスを探しています。

その昔、ピアスはわざわざ宝石店やデパートに出かけていって買うものでしたが、今は本当にいい時代になりました。

鮮やかな色のピアス、キラキラのピアス、そしてパールのピアスももちろんプチプラで。

おしゃれマジック炸裂ポイント 10

メガネ、サングラス

ばぁばのコーデポイントとして絶対欠かせないのが、メガネやサングラス。もう顔の一部なんです。今日のファッションやお会いする人のイメージに合わせて、楽しみながら選んでいます！

普段よくかけている、べっ
甲フレームのボストン型。
これがばぁばの定番です。

個性的なフレームと色のメ
ガネは、気分を上げたいプ
チプラファッションのお買
い物のときなどに。

自分らしさを強調しない銀ブ
チのメガネは、孫のお迎えや
仕事の打ち合わせのときに。

ほぼ丸に近いレンズの形が特徴
のラウンド型。直線のブリッジ、
かなりユニークです！

メガネ、サングラス

少女時代からずっとメガネっ子だったので、メガネなしの素顔は気恥ずかしくて、とてもじゃないけれど人様にはお見せできません（笑）。

子どもの頃、メガネはとても高価なものだったので、壊さないように大事に着けていました。

当時、デザイン的にカッコいいものや、かわいいものもなくて。思春期になったら、遠くを見るときだけそっと取り出し、こそっとかけていました。

洋服選びと同じ感覚で　プチプラのメガネを楽しむ

メガネはたくさんの中から選びましょう。どんな自分になりたいか？　まずはそこからイメージを。

今やすっかり様変わりして、〈ジンズ〉〈ゾフ〉といったリーズナブルな量販店では、度数入りメガネが5000円台から買えるいい時代です。洋服を選ぶような感覚で、ファッションとして楽しくメガネ選びができるんですよね！

プチプラのメガネ、どんどん利用しましょう。いろいろなデザインのメガネを持っていると、その数だけ違った自分を表現できます。

服に合わせるメガネではなく、メガネに合わせる服選び。なんて贅沢！　プチプラだからできる楽しみですね。

グレーヘアになったことでオシャレ度が上がり、メガネやサングラスとの付き合い方にもトキメキが生まれました！

Q&A

教えて、ばぁば！

コーデで大切なこと

④

Q

シニアになっても**デニム**をはきたい。ばぁば、デニムをどう思いますか？

A

デニムはね、実はこれから挑戦したいアイテムなんです。

若い頃ははいていましたが、**50代のあるとき、似合わなくなったと思って、しばらく封印**していたの。デニムの代わりに**カーゴパンツを愛用**してきました。

そのことをおしゃれな友だちに話したら「**もったいなかったね**」と言われて「えっ⁉ もったいないことだったの？」と衝撃を受けました。その時期のおしゃれと楽しみを味わってこなかったの……って。それから少しずつ考え方を変えて。

シニアの今、私は**ブカブカのデニムをはいてみたい**。そう思って、1本買ったら、ちょっとイメージと違ったかな？（笑）。

それはそれで楽しみながら、別のデザインのデニムも探してみようと思っているところです。

Q

黒い服が似合わなくなってきました。
着ない方がいいでしょうか？

A

まさに私も似合わないと思っていました！ 40～50代のときは、黒はおしゃれだと思って、上から下まで真っ黒にしていたけれど……。母親が70代のときだったかな、**全身黒**（プリーツスカート、柄ものTシャツ）を着ていて、「ギャー、**お葬式みたい**じゃない！」とゾワゾワしたことがありました。

それから長い間、黒を着ることをやめていたら、デニム同様、友だちから「もったいない」と言われて。今、**少しずつ挑戦**しています。

黒はどんな色とも相性がいいので、コーデが決まりやすいんです。だからあまり色合わせの工夫をしなくなってしまう。一度、**黒をまったく着ない期間を設けた**のは、私にとってはよかったかな。

黒に頼らないおしゃれができるようになり、新しい世界が広がった感じ。黒を着ないのではなく、これからは**新しい着方を楽しみたい**と思っています。

ばぁばの人生劇場。「今」が大事！

―前編―

人生、何が起こるかわからない……

40代 後半

夫の事業が立ち行かなくなり、明日のごはんも危うい、どん底に!!

28歳で結婚した私は、夫が経営する服飾関係の小さな会社を手伝いながら、ふたりの娘を育てていました。生活に比較的余裕がある時代には、自分らしい丁寧な暮らしを送っていました。

ところが今から20年ほど前、そろそろ五十路の坂にさしかかろうというとき、夫の事業が立ち行かなくなってしまったんです！

「しばらく我慢すれば、持ち直すだろう」

初めのうちはそんなふうに高をくくっていて。それが甘かったんです。大変なことになったと右往左往しているうちに、蓄えはどんどん減っていきます。慌ててマンションを引き払い、家族４人で２Ｋのアパートに引っ越しましたが、明日のごはんも危ういような無一文の状況です。長女は高校生、次女は中学生でしたから、とにかく「今」を生き抜くことに必死でした。夫は残務整理に明け暮れ、私は外に働きに出ました。

「みんなでがんばろう！」

そう言って娘たちはアルバイトをして家計を助け、いじけることもぐれることもなく、けなげに私たち夫婦を支えてくれました。

娘がパン屋さんでバイトしていたときは、閉店後にいただいてくる売れ残りのパンを家族で分けて食べていたこともあります。

親としては情けなかったのですが、家族が一致団結して仲よく支え合えたのは唯一の救いでした。

「母娘が仲よくていいですね」とほめていただけるのは、この頃の苦労体験があるから。だから今、お互いを大切にできるのだと思っています。

50代 前半

スーパーの精肉部門バイトを経て、介護の仕事に飛び込む

私は近所のスーパーマーケットでアルバイトを始めました。料理が大好きなので総菜部門を希望しましたが、担当になったのは人手が足りない精肉部門。それまで服飾関係以外の仕事をした経験がないので、すべてが初めてのことばかり。失敗が多いからよく怒られていました。

精肉部門を取り仕切るベテランのおばさまたちからすれば、「なんで何もできないの？」と足手まといだったと思います。

私はというと、怖くて縮こまって、「もう無理、無理……」と毎日泣きながら帰っていました。でも生きるため、明日のごはんのためには、このアルバイトを続けるしか道はないわけです。絶対に辞められないので、涙を流しながらも自分を叱咤激励して通い続けていました。

家に帰ってきても、何も悪いことはしていないのに、コソコソと小声で生活するような毎日で、すっかり自分に自信をなくしていました。

職場になかなか馴染めずに悩んでいた頃、その職場の仲間との世間話で、「介護士」という職業があることを知りました。

今ほど介護士は認知されていない時代でしたが、比較的近所にショートステイ専門の老人介護施設ができたのを機に、7か月続けたスーパーのアルバイトから介護の世界に転職しました。52歳のときの話です。

介護士は資格のある専門職にステップアップできるから、将来にうっすらとですが希望が見えたような気がして、うれしかったですね。

介護士になって3年、その頃最短で国家資格「介護福祉士」の試験に合格。それからも同じ施設で65歳までの13年間、がむしゃらに働きました。

介護職はとてもハードな労働です。私にとっては暮らしていくためのきつくて厳しい仕事でしたが、自分の親世代の利用者さんとのおしゃべりや、生活の手助けは、辛い反面、楽しい思い出もたくさんできました。

でもまだ当時は、先が見えなかったし、見ようともしませんでした。長い間、笑うことを忘れていました。今になってやっと、「いい経験ができた」と前向きに受け止められるようになったかな……。あの時期があるから、あの時期を乗り越えられたから、今があると思うんです。

55歳

母親と姉が相次いで亡くなり、ひとりで鳥取の実家じまい

55歳のとき、母と姉が相次いで亡くなりました。

もともと和菓子店と甘味喫茶を営んでいた鳥取県倉吉市の実家で、ふたりは喫茶店、その後は改装して夜にお酒を出すバーを営んでいました。こぢんまりした店でしたが、私は東京で暮らしているので、続けていくことはできません。実家じまいをすることを決意し、仕事を1か月休んで、鳥取に行ってきました。

実家は伝統的建造物群保存地区に立つ築100年ほどの古民家でした。旧居を整理していると、大正時代や昭和初期の骨董品、写真、着物などが次から次に出てきます。昔、地方の暮らしでは、家で冠婚葬祭を行っていましたから、器の種類は多く、さらにひとつのアイテムが20枚、30枚と揃っているのも特別なことではなかったようです。

そうした大量の荷物を「捨てるもの」「捨てずに私が持ち帰るもの」「ご

近所さんや親戚に差し上げるもの」と選別していきます。

身内が亡くなって悲しみにくれているところに、懐かしいものを見ていると昔の思い出がよみがえり、なんともいえない気持ちになって胸が締めつけられました。結局、何度か通って、何か月もかけて整理を終えました。

この年に介護福祉士の資格を取ったんですよね。

55歳という年は、私にとって転機だったような気がします。

どん底の辛い時代のことはあまり覚えていないのですが、大好きなシンガーソングライター・槇原敬之さんの歌だけが心の支えでした。

ばぁばの人生劇場。「今」が大事！

―中編―

お金がなくても、楽しめる！

57歳

Ｉｎｓｔａｇｒａｍで料理を発信、世界が少しずつ広がり始めた

Ｉｎｓｔａｇｒａｍを始めたのは、57歳のときでした。

年末年始も休まずに介護の仕事をしゃかりきに続けていましたが、金銭的な余裕はまだまだ、ありませんでした。お金はないけれど、心の余裕はほんの少し生まれていたのでしょう。

「Ｉｎｓｔａｇｒａｍをやってみようかな」

相変わらず多忙な毎日でしたが、そんなことを考え始めていました。

実は40代後半の頃、インターネットを使って、大好きなシンガーソングライター・槇原敬之さんを応援するファンサイトを作り、情報を発信したり、ファン同志で交流したりしていたんです（笑）。ファンサイトの仲間とライブで実際にお目にかかり、友だちになることもありました。SNSを介すると、普段の生活では接点のない方々とコミュニケーションがとれます。それはとても魅力的でした。

ミクシィやブログも楽しんでいたので、気負いなくInstagramを始められたのだと思います。お金もかかりませんし。

私たちビートルズ世代は、デジタルツールを敬遠しがちですが、できないと諦めると本当に何もできなくなってしまう。外の世界とつながるためにも、「積極的に関わっていこう」とずっと心がけていたんです。

Instagramに投稿するのは、日々の食卓に並ぶごはんもの、肉や魚のおかず、お弁当、お酒のおつまみ、パン、ケーキ、エスニック料理など。

例えば仕事から帰ってきて、それからカレーを煮込むのは無理。ならば缶詰を用いて、煮込まない簡単カレーをスピード調理～、とか。

真夏の休日の昼間は、暑くて火なんか使いたくないーっ！　そんな日のための火を使わず、しかもビールに合う、簡単ランチを作りました。

市販の焼きしめ鯖。真空パックの！　それを使う！　簡単手抜きだけれど、すし飯には、春に漬け込んだ山椒の実の醤油漬けと、柚子皮、生姜の甘酢漬けといった自家製保存食を混ぜて、ちょっとこだわる。すると、「本当に作ったの？」と疑われるほどおいしい鯖寿司のでき上がり〜。

なんて調子で、安くておいしい私の家庭料理を趣味程度におもしろがって投稿していました。最初は写真の撮り方もよくわからないですよ。でもスタイリングや写真の構図をあれこれ考えるのも楽しいんですよね。いい気晴らしにもなりました。

そうしたら次第に反響を呼んで、4〜5年後にはフォロワーが2万人を突破しました。そのタイミングで料理サイトのプロデューサーにＩｎｓｔａｇｒａｍのＤＭでお声をかけていただき、レシピ本を出版することに。またちょこちょこと雑誌にも掲載されるようになりました。

私の世界は少しずつゆっくりと動き始めた、そんな感じでした。

昔から料理するのは大好きで、
介護の仕事で忙しい時代も、毎
日せっせと手作りしていました。

62歳

グレーヘアになったら、生活を一新すべく、引っ越しを決行

還暦を過ぎ、62歳でグレーヘアにしてからは、おしゃれ心がだんだんよみがえってきました。といっても、相変わらずお金はないので、贅沢はできません。でもね、世間はプチプラで十分おしゃれが楽しめる、昔とはまったく別の素敵な時代に変化していたんです。

「新しい服を見てみよう、1枚だけなら買ってもいいかな」

そんな気持ちになったのは、ずいぶんと久しぶりでした。長い間、「服を新調しておしゃれを楽しむ」なんていう感覚をなくしていたので、震えちゃうほどワクワクしてトキメキました。

1000円、2000円で満足できるプチプラに大感謝。

お金がなくて買えないときでも、店内を歩き回っているだけで気持ちが華やぎました。

当時は社会人になった下の娘と夫との3人暮らしで、行き場をなくした

私たちは、陽当たりの悪いジメジメとしたアパートに住んでいました。仕方ないと諦めていたのですが、グレーヘアになって、プチプラファッションに挑戦するようになったら、

「今のアパートから脱出できる？　脱出したい……、脱出するぞ！」

と能動的に思考が動くようになったんです。

その頃、家賃は夫が支払っていましたが、娘と私がお互いの月給からいくらなら捻出できるか話し合い、少しの額ですが、「ふたり分をプラスして、もう少しお家賃を払って、よい物件を探しましょう」となったわけです。住居も何とかしたい！　という、とても前向きな自分がいました。

そこで見つけたのが、陽当たり抜群のこざっぱりしたアパート。

「えいっ」と腹をくくって引っ越しを決行したら、たくさんの人が訪ねてきてくれたり、YouTube撮影のスタジオとして使えたり。新しい出合いが舞い込んできて、運気が一気に開けていったのでした。「開運の兆し？」と（笑）。

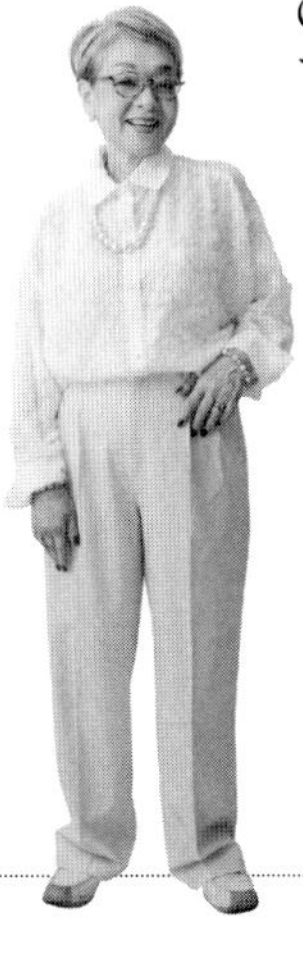

3章

暮らしのプチプラおしゃれ術

―毎日の中のおしゃれマジック―

「グレーヘア」や「ドラックストアコスメ」といったヘアメイクから、大好きな料理、器や鍋まで。暮らしのおしゃれ術は、お金をかけなくても楽しめます。ファッションのおしゃれ術と同じなのです！

宝物
3

DIYショップで見つけた木のボード。器やまな板として大活躍中です。

Q&A

教えて、ばぁば!

コーデで大切なこと

5

Q

プチプラの化粧品は
商品が多すぎて……。
買って**失敗**したことは
ありませんか？

A

本当にたくさんあって迷っちゃいますよね。
私はそれが面倒ではなく、「**選ぶ楽しさがいろいろあるなんて幸せ〜**」とトキメキました。それまで化粧品を買う余裕がなかったから、余計にそう感じるのかもしれません。
実際に使ってみたら、「これは失敗だったかも」と残念に思うことも含めて、**新しい化粧品に挑戦できる今の状況がうれしい**です。プチプラなら買いやすいし、肌に合わない場合は論外ですが、**失敗を気にせず、まずは楽しんでみてください**。

Q

グレーヘアにしたいけれど
移行期間が大変そうで……、
悩み中です。

A

グレーヘアが完成するまでそれなりに時間がかかるので、「移行期間、どうやって過ごしていましたか？」とよく聞かれます。最初の頃はイライラすることもあったかな。

でもね、それは**みんなが通る道**だから、どんな人でもきっと乗り越えられるはず。

グレーヘアの知人に聞いたら、「移行期間中はハイライトカラーを入れて楽しんでいたよ」と。別の人は、「仲間同士で励まし合ってやり過ごしていたわね」と教えてくれました。

私はベリーショートだったので、**ロングヘアの人より期間も短く**、その点はラクでした。やってみて、移行期間中にくじけてしまっても、また別の機会にトライすればいいだけだから。**結果だけでなく途中経過も楽しんじゃおう**という心の余裕がもてるといいですよね！

毎日の中のおしゃれマジック 1

グレーヘア

介護の職場では「わー、おしゃれ！」、娘たちからは「すごく似合っているよ〜」とかなり好評で安心しました。

白髪染めをやめて8か月 100％地毛だけのグレーヘアに！

いいね！：i_am_agatha、他2,014人
kyokoba_ba ストーリーにはアップしましたが、
ここまで来ましたよーの中間報告です♪

グレーヘアが完成した当時、インスタグラムにアップして、たくさんの「いいね」をもらった写真。

「白髪染めをやめる！」と62歳で決断し、それから8か月かけてグレーヘアに移行しました。もともとショートヘアだったので、ロングヘアの方より苦労は少なかったと思います。

移行期間中は、生え際の白い髪が目についても、ひたすら我慢していました。白髪染めの誘惑を断ち切って、毛先の黒髪をちょこちょことカットするだけの日々でした。

煩わしい白髪染めから解放されたのはうれしかったけれど、さすがに当時はあまり人に会いたくなかったですね。

途中で何度かくじけそうにもなりましたが何とか乗り越え、8か月後には黒く染めた髪がなくなって、100％地毛だけのグレーヘアに！

新しい自分を発見した瞬間でした。心がふわりと軽くなり、「プチプラの服でおしゃれを楽しみたい～」と呪縛が解けたように気持ちの余裕が生まれて、自分でもびっくりしました。

加えて髪質が以前よりもよくなって髪の毛サラサラになるという、うれしいおまけも付いたんですよー。

ドラッグストアコスメ

私のメイクは30年くらい前でぴたりと止まっていました。そもそも化粧品は価格が高いイメージだったので、「もう、見ないし、気にしない！」で、ずっと昔のものを使い回してやり過ごしていました。

でもプチプラファッションを楽しむようになったら、いつの間にか、「同じようにメイクも今風にしてみたい」と思うようになったんです。

まずは勉強！　と、近所のドラッグストアツアーに。プチプラコスメのコーナーには「何、これ!?」と知らないものがいっぱいあって、もうワクワク、ドキドキの連続です。

夢中になったドラッグストアツアー 韓国コスメにもウキウキ

じっくりチェックして知識を仕入れ、その日の夜にネット検索して復習。その繰り返しで、本当にとっても楽しかった～。特に韓国コスメ〈ティルティル〉のコンシーラーとクッションファンデは素晴らしく、すっかり魅了されました。

これまで使っていた古いものは処分して、メイクアップ用品を一新。今はプチプラでいいコスメまで買える、すごい時代ですね。

ファンデーションブラシ、使ってみるとマジカルを実感！

メイクアップ

コスメに合わせて ハッピーメイクにアップデート

私たちの世代は有名メーカーの化粧品で育ち、歌手・辺見マリさんのアイメイク、歌手・藤圭子さんのツヤツヤの口元に憧れました。

今は〈セザンヌ〉や〈キャンメイク〉など、たくさんのプチプラコスメから好きなものを選んで、個性に合ったメイクができるから素敵。流行り一辺倒ではない、多様性を感じます。

私のプチプラコスメのルーティンは、下地→コンシーラー→クッションファンデ→パウダー→チーク（顔の凹凸をつける）→アイブロウ→アイシャドウ→アイライナー（ジェルとリキッド）→チーク（血色をよくする）→マスカラ→口紅。

〈ティルティル〉のコンシーラーは、ファンデーションブラシを使ってトントンと押すように肌に馴染ませると、ナチュラルなツヤ感を出すことができる。いやー、参りました。すごくいいんですよ。

そうしたコスメ話になると、娘たちとのトークが大いに盛り上がります。

「女の子を育てた楽しみのひとつだわ」とそちらも幸せをしみじみ実感中です。

毎日の中のおしゃれマジック 4

基礎化粧品

20年近く、スキンケアは洗顔後に化粧水をつけるだけ。ほとんどほったらかしの状態でした。

おざなりになった理由は、介護の仕事が忙しかったことと、経済的な問題。それから私、肌がベタベタ、ヌルヌルとオイリーな状態が苦手で。それで無頓着になりました。

YouTubeで自分の顔を見る機会が増えると、「あれ、肌、ガサガサしている?」と反省することもしばしば。

ほったらかしだったスキンケア 手をかけたら、素肌大喜び

〈ちふれ化粧品〉の容器は、デザインがシンプルでおしゃれなところも気に入っています。鏡の前に並べるとテンションが上がります〜。

〈ちふれ化粧品〉のメイクアップコスメも少しずつ試しているところ。ファンデーションブラシは〈資生堂〉で、2000円以下で購入。

そこでシニアに大人気で、娘たちのおすすめでもある〈ちふれ化粧品〉や〈無印良品〉で、化粧水や乳液などを揃えました。ほとんどの商品が1000円前後とプチプラで、とても買いやすいんです。

〈ちふれ〉には乾燥肌や敏感肌など肌の状態に合わせていろんなシリーズがありますが、「保湿」と「美白」のシリーズの化粧水と乳液を選びました。保湿は夜用、美白は朝用として化粧下地も兼ねて使っています。

素肌が大喜びしているのがわかるんです！　ふっくらしてきたような感じ！　すっかりお手入れするのが楽しくなりました。

料理

料理はファッションと同じ 服のコーデのように楽しむ

昔から料理は大好きです！

母親が台所仕事はあまり得意でなかったので、それが反面教師になったのか、姉も私もお料理好きに育ちました。姉の遺品の中には、彼女が書きためていた料理ノートがあり、たくさんのおいしそうなレシピが残っていました。

料理とファッションはよく似ていると思うんです！

例えば味付け。

定番レシピに、好みのスパイスで味にアクセントを効かせたり、ハーブなどを添えて彩りを加えたり。お金をかけなくても楽しむところは、私のプチプラファッションのコーデと同じ感覚です。

それから盛り付け。

高級食材でなくても、器に日日のごはんをカッコよく盛り付け、素敵なテーブルセッティングで供すれば、それでハッピーになれる点もね。

同じ料理でも器を替えれば雰囲気を変えられますし、どんな器にどんなふうに盛り付けるのかを考えるのは、ワクワクできることです。

昔は大皿に料理をちょっとだけのせるのが粋なあしらいでしたが、今は「映え」を楽しむ時代なので、器からはみ出るくらいボリュームたっぷりに盛るのが旬。時代によって流行が移り変わるのもファッションと同様。

毎日服を着替えるように、毎日の料理も楽しんでいます。

冷凍食材

格安スーパーで見つけた使い勝手のいいプチプラ食材

物価上昇が著しい昨今、プロだけでなく一般人も利用できるプチプラのスーパーマーケット〈業務スーパー〉で、使い勝手のいい食材を発見しました。

それは冷凍食材です！

昭和育ちの私には、「冷凍？しかも外国産はちょっと……」という先入観がありました。また格安食品はきっとおいしくないし、品質が劣るだろうと思い込んでいて、そっぽを向いてきました。

なかなか購入するふんぎりがつかなかったのですが、思いきって買ってみたら、これがね、すごくよかったんですよ～。昔の冷凍食材とは、別ものじゃありませんか！

すぐに使えるようにカットされていたり、揚げてあったり。量もたっぷり入っているし、野菜、肉、海鮮など幅広い食材が揃っていて、重宝するんです。

私のお気に入りは、「むき枝豆」「グリーンピース」「揚げなす乱切り」などの野菜系。

それからから揚げにぴったりのひと口大にカットされた「鶏もも正肉」や、ギョーザやシューマイに用いるのに便利な「豚ミンチ」。〝さばオタク〟なので「塩さばフィレ」や、韓国風おみそ汁に欠かせない短冊切りの「するめいか」など。

60代でプチプラの冷凍食材に出合えたことで、料理がもっと楽しくなりました。次は何を作ろうかな。

召し上がれ～

Instagramに投稿した、ばぁば自慢の料理の数々

大皿でワイワイ楽しんだり、お酒のおつまみにしたり。ジャンルも調理法もいろいろで、ちょっとの工夫で気合が上がるメニューばかりです！

生活骨董

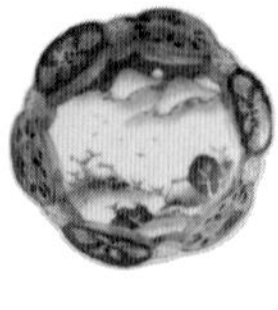

鳥取の実家じまいをした際、びっくりするほどたくさんの生活骨董が出てきました。骨董といっても、美術品ではなくあくまで生活用品なので、高値はつかない雑器の類です。

漆器を包んでいたのは昭和3年の古新聞。それ以前から使っているでしょうから、おそらく大正時代のものです。そうした100年以上前のアンティークもいっぱいでした。ご先祖さまたちが大切に使い継いできた愛おしい品々。

実家のアンティーク食器しまわず、日常的にどんどん使う！

あまりにも大量に出てきたので、ご先祖さまには申し訳ないと思いながら……、自分の感性に合うものだけをピックアップして、東京に持ち帰りました。

古いものなので壊れやすいですが、私は日常的にどんどん使っています。しまい込んだら、何があるか、どこにあるのかわからなくなって、そのまま放置してしまいそう。それでは持っている意味がなくなるので。

30年ほど前、アンティークの和の器を普段使いすることが大流行。人気の料理家さんが雑誌などでよく使っていましたね。当時のことを懐かしく思い出しながら、今は和食だけでなく、パスタやケーキなどの洋食やデザートも私流に盛り付け、ときめきながら使っています。

ストウブ

ポイントを貯めて〈ストウブ〉と交換
辛い時代のささやかな楽しみ

フランス製の鋳物ホーロー鍋、〈ストウブ〉の大ファンです。この鍋を使うと、おいしく調理できるのはもちろん、台所に置いているだけで満たされた気持ちになれるんです。実用性プラス見た目のカッコよさが同居している最高の鍋！

介護の仕事をしているとき、多忙でしたが、どんなに疲れていても毎日毎日ごはんを作ります。料理は好きなので、さほど苦にはなりませんでした。

洋服やアクセサリーを買う余裕はありませんでしたが、コツコツと小銭を根気よく貯めて、念願だった大きめのオーバル型を購入したときはうれしかったですね～。

「家族に文句を言われたら、どうしよう……。でもこんなにがんばっているから、大丈夫だよね」と心の中で言い訳しながら（笑）。思いきって購入して大正解でした。

それからはクレジットカードのポイントを何年もかけて貯め続け、すべて〈ストウブ〉と交換してきました。

やっと貯まって、「次は小さめのラウンド型にしよう」といざ交換となっても、サイズと色を決めるのに1か月くらいかかったりして（笑）。

ささやかな私の楽しみでしたが、今でも毎日のように大活躍しています。

大正時代から、昭和、平成と長い時間を
経て、令和の今、私の暮らしに豊かな彩
りを添えてくれる生活骨董の一部です。

たくさん揃えましたが、それぞれに得意な用途があるので、全部をまんべんなく使っているんですよ。

ばぁばの人生劇場。
「今」が大事！
―後編―

YouTubeを始めることに！

65歳

介護の仕事を辞めて、インフルエンサーの活動を

引っ越ししてしばらくたったある日、InstagramのDMに「シニア向けのYouTubeを一緒にやりませんか？　一度会ってください」というメッセージが届きました。

最初は、「だまされるんじゃないかなぁ……」と疑心暗鬼だったので、お断りしていたんです。けれど何度も繰り返し連絡が届くので、家族にも相談して、渋々ですがお会いしてみました。

声をかけてくれた若い彼は、理学療法士として医療現場でシニアと向き合うことも多かったらしく、

「シニアが外に出てイキイキと暮らせる世の中にしたい。そのために同世代の目線で、楽しい情報を動画で発信してください！」

と熱く語っていました。

私は私の介護現場で同じようなことを感じていたので、それなら二人三脚でYouTubeをやってみたいと思うようになっていました。65歳で介護の仕事は卒業し、彼と一緒にシニアのインフルエンサーとして本格的に活動を始めました。

投稿しているのは、シニア世代に向けたプチプラのファッションやスキンケア、激安スーパーマーケットでの食材の買い方など、お金をかけなくても生活を豊かにする楽しいヒントを中心にした動画です。

最近はファッションの投稿が多いんですが、ファッションのプロではない、ましてシニアの私の発信など最初のうちは見てもらえるのか半信半疑でしたが、始めてみたらフォロワー数がドカンと増えて驚きました（笑）。

今後はTikTokやアメブロにも挑戦してみたいと思っているんです。

こんなふうに自分でセットを組んで、自宅のダイニングルームでYouTubeを撮影しています。

私のチャンネルは「きょうこばぁばライフ」です。ぜひチャンネル登録をよろしくお願いします～。

66歳

「断る理由はないから！」と人生初、シニアモデルの仕事に挑戦

ありがたいことにYouTubeは人気があって、ちょっと前に、私のチャンネルを見た関係者から、「コマーシャルに出てみませんか？」とびっくりするようなお誘いを受けたことがありました。

お話を伺ってみたら、断る理由が見当たらないので、人生初のオーディションに～。シニアスマホのコマーシャルで、短い台詞もあったんですよ。ドキドキとワクワクが入り混じった刺激的な撮影でした。

今は娘たちも幸せそうに暮らしているので、あとは夫と私がハッピーに過ごせたらOKです。

先のことを考えて不安になることはよくありますが、そういうときは、「今日をしっかり生きるぞ！」と気持ちを切り替えます。

今日を生きなければ、明日はやってこないですからね。私の未来は10年後ではなく、明日まで。「今」がいちばん大事です。

老後のこと？ いやいや、今のこと！

当たり前の話ですが、私もこの先の老後は心配です。お金のこともそうだし、体力も落ちてくるし、病気になるかもしれないし……。

不安のタネを拾い出すと、重い気持ちになって、胸が苦しくなることもしょっちゅうあります。でもね、それはある意味、ぜいたくな悩みだと思うんです。

私は長い間、
「今日、どうやって生き延びようか」
それればかり考えてきたから、大切なのは「今」だけでした。

昨日も今日も明日も、その繰り返しでしたから、あまり先のことは具体的には考えられません。

SNSをしているおかげなのか、介護の仕事を卒業しても、毎日緊張感のある生活を送っています。情報発信するために、トレンドを知ること、取り入れることにも前向きです。ファッションに限らず、わからないながらも、流行のものには触れるように心がけています。

韓国コスメにハマって以来、最近は娘たちから教えてもらった韓流ドラマを見たり、K-POPを聴いたり。韓国料理も作っているんですよ。

最近はずっと欲しかった小さめのタブレットを購入して、カフェでお茶しながら、ちょっとカッコつけて（笑）、ネット遊びをしています。幸せな時間です！やる前は妄想してハードルを上げたり、年だからとあきらめてしまうケースってないですか？　ところがやってみたら、案外できちゃったってね（笑）。

シニアの私ですが、今できること、今楽しめることにアンテナを向けています。そしたら余計なことを考える暇がないほど忙しいし、ワクワクしながら進んでいけます。「心がけ」って、プライスレスな幸せへのかけ橋なのかもしれませんね。

最後になりましたが、この本の出版にあたり、夫とふたりの娘たちに、心からの「ありがとう」を伝えたいと思います。ばぁばはこれからも自分らしく生きていきます。こんなばぁばですが、よろしくお願いします。

次女・結夏《ゆいか》と一緒に

長女・吾紗《あがさ》からの言葉

子どもの頃の記憶で強烈に残っているのは、
毎年、私のピアノの発表会で着るドレスを
母が作ってくれていたことです。

渋谷の生地屋さんに行って、
それまで見たこともないような美しい布をかき分けて、
ドレスの生地を一緒に選びます。
家に帰って私の体に巻き付けて、
「こんな感じに作るよ」と言って
スカートのボリューム感や長さを合わせてくれます。

大雑把にまとっただけなのに、
もうドレスのような気がして、
とてもうれしかったことを覚えています。
ばぁばが作ってくれたバラのコサージュも、
ビロードの黒いドレスもはっきりと覚えています。
それらは私だけのための、
世界にたったひとつのドレスでした。

そんな母ですから、昔から
「誰々ちゃんと一緒だから、こんなお洋服買って」では
新しいお洋服は買ってもらえませんでした。

ある時期から、
「お母さまのインスタ、見ていますよ」と
言われることが増えました。
でもきっと、ばぁばはずっと昔から
〝きょうこばぁば〟だったような気がします。
確かに最近の母は、毎日のように
新しいことに挑戦していて、とても生き生きしている。
しかしずっと以前から、
誰よりも自分の直感に敏感だったと思います。

母のおもしろいエピソードはたんまりあるのですが、
そろそろお腹がすいてきました。
ばぁば、とりあえず今から、
お家にごはん食べに行ってもいいかな？

きょうこばぁば

1956年、鳥取県生まれ。60代のシニアインフルエンサー。Instagramのフォロワー数は8.5万人、YouTubeのチャンネル登録者数は10万人超。夫と次女の3人家族。長女はモデルの吾紗、娘婿はミュージシャンで俳優のハマケンこと浜野謙太。プチプラファッション、日々の簡単レシピなどをInstagramとYouTubeで発信し、大好評。著書に『きょうこばぁばの ちょっとの工夫でいつものごはんが「わぁ！ごちそう」になるレシピ』（ワニブックス刊）。

YouTube
きょうこばぁばライフ
@kyokoba_ba

Instagram
@kyokoba_ba

編集・文／本村のり子
デザイン／川添　藍
撮影／武藤奈緒美
校正／福島啓子
編集担当／深山里映

きょうこばぁばの
人生キラメクおしゃれマジック

著　者　きょうこばぁば
編集人　東田卓郎
発行人　倉次辰男
発行所　株式会社 主婦と生活社
〒104-8357
東京都中央区京橋 3-5-7
編集部　tel. 03-3563-5129
販売部　tel. 03-3563-5121
生産部　tel. 03-3563-5125
https://www.shufu.co.jp
製版所　東京カラーフォト・プロセス株式会社
印刷所　大日本印刷株式会社
製本所　小泉製本株式会社
ISBN978-4-391-16106-9